Herder Taschenbuch 1671

Über das Buch

Vom Recht auf das eigene Leben wird viel gesprochen. Das Recht auf den eigenen Tod scheint uns mehr und mehr zu entgleiten. Diese Aufzeichnungen, die in einem Großstadt-Krankenhaus, an der Seite eines Sterbenden, entstanden, haben das in einer erschütternden Weise deutlich gemacht. Erst jetzt, nach langen Jahren, konnte sich die Autorin entschließen, aus der Anonymität herauszutreten und die Neuausgabe unter ihrem Namen zu veröffentlichen. Sie hat im Rückblick auf ihre Erfahrung ein aktuelles Kapitel angefügt, in dem sie der Frage nachgeht, wie die moderne Medizin die Würde des Kranken, vor allem in den letzten Lebenstagen, wahren kann.

Über die Autorin

Marielene Leist, Psychoanalytikerin, verheiratet mit dem Religionsphilosophen Fritz Leist (1913–1974), vier Kinder. Zahlreiche Veröffentlichungen zu Fragen von Tod, Leid, Schuld und Trost.

Marielene Leist

Sterben im Krankenhaus

Aufzeichnungen über einen Tod

Aktualisierte Neuausgabe

Herder Taschenbuch Verlag

Aktualisierte Neuausgabe des unter dem gleichen Titel
im Herder Taschenbuch Verlag erschienenen Bandes 561

Buchumschlag: Walter Emmrich

Herder Freiburg · Basel · Wien
Herstellung: Freiburger Graphische Betriebe 1989
ISBN 3-451-08671-9

Inhalt

I. Die Erkrankung 7

Die Tage zuvor 7 – Der Erstickungsanfall 8 – Der Notarzt 10 – Die Sanitäter 10 – Die Kinder 11 – Die Notaufnahme 12 – Der Nachtarzt 13 – Auf Wiedersehen! 13 – Das Testament 14 – Der erste Tag 15 – Der zweite Tag 16 – Die Diagnose 16 – Die nächsten Tage 18 – Das Stillliegen 18 – Die Verlegung 18 – Im Einzelzimmer 19

II. Das Krankenhaus 20

Das Haus 20 – Die Verwaltung 20 – Der Pförtner 21 – Das Krankenzimmer 22 – Die Intensivstation 23 – Die Apparate 24 – Der Monitor 24 – Der Katheter 25 – Das Inhalieren 26 – Der Sauerstoff 26 – Die Infusionen 27 – Das erste Einzelzimmer 27 – Das zweite Einzelzimmer 28 – Das Telefon 28

III. Ärzte, Pfleger, Betreuer 29

Die junge Ärztin 29 – Der Oberarzt 30 – Die tüchtige Ärztin 30 – Der Chefarzt 32 – Das Ethos der Ärzte 33 – Gute Medizinen 34 – Der Pfleger 35 – Die Schwestern 36 – Krankengymnastik 37 – Die Gymnastik-Anweisungen 38 – Der Bekannte 38 – Gespräche mit den Schwestern 39 – Die Nachtschwestern 39 – Der Krankenhauspfarrer 40 – Der behandelnde Arzt 42

IV. Die Pflege 44

Die Pflege 44 – Das Schlafen 45 – Die Leiblichkeit 45 – Das Trinken 46 – Das Essen 46 – Der Topf 47 – Die Urinflasche 48 – Medikamente 48 – Marcumar 49 – Das Rasieren 49 – Das Zähneputzen 50 – Das Wasserkissen 50 – Das Nägelschneiden 51 – Die Kompressen 51

V. Der Kranke 52

Die Rachegedanken 52 – Die Freunde 52 – Die Versöhnung 53 – Die Einladung 53 – Der Engel des Herrn 54 – Der Traum von Jerusalem 54 – Der einzige Trost 55 – Die Kinder 55 – Die Geschwister 56 – Unser Mittwoch 56 – Die Ablehnung 57 – Der Buchplan 57 – Die Mitpatienten 58 – Die Lektüre 59 – Blumen 59 – Die Telefonanrufe 60

VI. Entwürdigung 62
Der Titel 62 – Der Kranke, die Ärzte und die Pfleger 63 – Moderne Folterknechte 64 – Das Verhältnis zu den Ärzten 65 – Die Hinausweisung 65 – Haltung annehmen 65 – Das Bedürfnis nach Anerkennung 66 – Heimweh 66 – Beobachtungen 67 – Demütigung 68 – Die Entwürdigung 68 – Einbruch in die Intimsphäre 69 – Die Enge der Welt 69 – Kein Freiheitsraum 70 – Keine Entscheidungsmöglichkeit 71 – Die Wadenwickel 71 – Das Fieber 72 – Das Nicht-ernst-Nehmen 72 – Das Entsetzen 73 – Das Verschweigen 74 – Die Unwahrheit 74 – Die Verleugnung der Angst 75

VII. Das Sterben 76
Die Verschlechterung 76 – Die Verwirrung in der Zeit 77 – Das leere Zimmer 77 – Der zweite Herzinfarkt 78 – Lebensgefahr 79 – Die Besserung 79 – Die Herzoperation 80 – Störungen 81 – Träume 82 – Glückliche Besserung 83 – Der erste Besuch 84 – Die Kinder 85 – Unerwarteter Besuch 86 – Störungen 86 – Was für Kummer mache ich euch! 87 – Wie kann man nur so krank sein? 88 – Der Rechtsbeistand 89 – Der Abschied 89 – Der Telefonanruf 91 – Der Donnerstag 92 – Der Freitag 92 – Der Samstag 93 – Der Sonntag 94 – Der Montag 95 – Der blonde Halbgott 96 – Der Dienstag 98 – Das Glied 98 – Die Hände 99 – Das Aufstoßen 99 – Der Anruf des Chefarztes 100 – Die Mitteilung 101 – Der Hubschrauber 101 – Die trauernden Engel 102 – Der Transport 103 – Die fremde Intensivstation 104 – Das Warten 106 – Die letzte Stunde mit N. 107 – Das letzte Warten 109 – Der Tod 110 – Der Tote 112 – Die Stunden danach 113 – Der erste Tag ohne N. 114 – Die Leichenschau 115 – Die Trauer 117 – Das Begräbnis 118 – Die Briefe 119 – Die Behörden 119

VIII. Gedanken 120
Mein eigener Tod 120 – Mein Haß 121 – Wer war er wirklich? 122 – Das Gebet 123 – Die Aufzeichnungen 124 – Heimweh nach dem Krankenhaus 124 – Die Anzeige 125 – Dank für das Sterben 127

IX. Letzte Dokumente 128
Korrespondenz 128 – Atteste und Arztberichte 135 – Rechnungen 139 – Die Aufzeichnungen 139

X. Gedanken zu Geburt und Tod
Ein Nachwort zur Neuausgabe 141

I.
Die Erkrankung

Die Tage zuvor

Wenn ich es recht bedenke, so hat die Vorgeschichte seines Sterbens mit seiner Geburt angefangen. Aber nicht darüber will ich schreiben, wie aus den Prägungen seiner Kindheit sein Leben und sein Tod hervorgegangen sind, sondern ich will darüber berichten, wie er gestorben ist, unter den Bedingungen seiner Krankheit, unter den Gegebenheiten des Krankenhauses, unter der inneren Gesetzmäßigkeit seiner Existenz.

Drei Tage zuvor hatte Mirjam einen Traum. Es träumte ihr, sie käme aus der Schule und der Vater sei krank. Es war im Traum gewiß, daß er sterben werde. Mirjam weinte sehr.

Ich fragte mich, was in ihr unbewußt gegen den Vater vor sich gehen mochte. Ich dachte nicht daran, daß sich im Traum ein inneres Wissen niederschlagen könne.

Dann kam der Montag. Der Tag verlief wie sonst, ohne irgendeinen Vorfall, aufmerksam, freundlich, behutsam, ohne Zärtlichkeit. Am Abend ging N. schlafen, er hielt es so wie seit 20 Jahren: er las eine Stunde lang exegetische Literatur, mit jener Aufmerksamkeit, mit jenem Engagement, das für ihn so typisch war. Ich möchte so gerne wissen, was er zuletzt gelesen hat. Aber die Bücher wurden weggenommen, bevor mir diese Frage gekommen ist.

Nur eins weiß ich mit Gewißheit: an jenem Morgen ging mir ein Gedanke durch den Sinn, den ich seit 7 Jahren nicht gedacht hatte: mir fiel ein, daß ich unser Schlafzimmer hatte arbeiten lassen mit dem Auftrag: „Richten Sie das Doppelbett so ein, daß man es trennen kann, wir wollen nämlich daheim sterben, und wenn einer sehr krank ist, muß man von beiden Seiten an ihn herantreten können.“

Ich fragte mich: „Wie komme ich darauf, zum ersten Mal seit sieben Jahren mich dieser Anweisung zu erinnern?“ Ich wunderte mich, aber ich hatte das Gefühl: „Wir haben noch Zeit bis dahin, es ist uns noch eine gute Weile vergönnt.“

Das Bett hat nicht abgeschlagen werden müssen, das Doppelbett steht heute noch, es ist unversehrt, es war N. nicht vergönnt, daheim sterben zu können. Er hat auf die Geborgenheit seines Zimmers Verzicht leisten müssen.

Vor wenigen Tagen sprang unser kleiner Hund, den wir erst seit einigen Wochen haben, auf das Bett und tollte eine Weile darauf herum. Ich dachte: „Was geht in dem Hund vor? Er nimmt einen Geruch wahr, den er nicht identifizieren kann. Unser kleiner Hund vermag noch seine Spur wahrzunehmen, und ich finde sie nicht mehr.“

Der Erstickungsanfall

Nachts um 23.30 Uhr begann N. zu husten. Ich versuchte, mich nicht darum zu kümmern. Der Husten ließ nicht nach. Ich fragte N., ob ich ihm eine Tablette holen solle. Ich stand auf und holte ihm ein codeinhaltiges Präparat. Es heilt den Husten nicht, sondern verhindert die Entstehung des Hustenreizes. Ich legte mich wieder hin und versuchte zu schlafen. Ich merkte, daß N. sich unruhig hin und her wälzte. Ab und zu beugte er sich zu mir herüber, wie um Hilfe bei mir zu suchen. Ich vertröstete ihn, bald müsse die Medizin wirken. Aber nach 10 Minuten fragte ich: „Soll ich die Ärztin holen?“ Die Ärztin wohnte in der Nachbarschaft. N. sagte sofort: „Ja, hole die Ärztin.“ Es mußte ihm schlecht gehen, wenn er wegen eines Hustens den Arzt kommen lassen wollte. Ich ging zum Telefon, immer in der Meinung, der Hustenanfall müsse jeden Augenblick durch das Mittel kupiert werden. Es war mir unangenehm, die Ärztin in der Nacht zu stören. Aber die Ärztin meldete sich nicht, ein automatischer Telefonbeantworter gab Anweisung, in dringenden Fällen den Notarzt zu rufen.

Ich zögerte immer noch. Es fiel mir schwer, einen Arzt in der Nacht zu bitten. Die Notarztzentrale meldete sich, ich sagte: „Ich brauche einen Arzt, mein Mann hat einen Hustenanfall.“ Eine Dame ließ sich die Angaben machen, dann verband sie mich weiter. Abermals wiederholte ich meine Bitte. Irgendwie wurde ich zum dritten Mal verbunden, und dann plötzlich kam es mir, dann plötzlich fiel die Angst über mich her, dann plötzlich hatte ich begriffen, was im Schlafzimmer vor sich ging, und ich sagte: „Mein Mann hat einen Erstickungsanfall. Bitte, kommen Sie sofort." Als ich telefonierte, waren vom Beginn des Hustenanfalls 30 Minuten vergangen.

Es handelte sich nicht um einen Hustenanfall, N. lag im Sterben. Er saß aufrecht im Bett, blaß, mit grauem Gesicht, schweißbedeckt. Es kochte in seinem Hals. Er warf immer wieder den Kopf nach hinten und sagte: „Ich kann nicht mehr, ich kann nicht mehr." Ich streichelte ihn und redete ihm gut zu, ich machte ihm Mut, der Notarzt komme sofort. Mit meinem Laienverstand legte ich mir eine Diagnose zurecht. Ich dachte an einen Herzinfarkt. Ich fragte ihn, ob er große Schmerzen habe. Er hatte keine Schmerzen. Ich kannte mich nicht aus, aber das sah ich genau: hier kämpfte ein Mensch mit dem Tod. Ich saß an seinem Bett, ich strich über seinen linken Arm, ich sprach ihn die ganze Zeit mit seinem Kosenamen an. Er klang so unsinnig, dieser Kosename in jener Minute; aber es war so vieles unsinnig, was ich tat. Ich sagte in meiner Hilflosigkeit: „Tu beten, tu beten." Dieses Wort geht mir nicht aus den Ohren heraus. Was für ein ungewöhnlicher Ausdruck, „tu beten". Auch später, während seiner Erkrankung, sind mir solche Formulierungen passiert, bis hin zu dem „nun lassen Sie ihn doch endlich tot", 4 Wochen später.

Ich konnte nicht mit ihm beten. Aber daß dieses Geschehen, diese Stunde etwas mit Gott zu tun hatte, war so unbezweifelbar, daß es gar nicht einmal in Worte gefaßt werden mußte. Auf dieses seltsame, fast lächerlich klingende „Tu beten", sagte N.: „Ich tu es die ganze Zeit."

In der Erinnerung kommen mir diese Minuten vor, als hätten sie unter einem gleißenden Licht gestanden. Ich hatte nicht das Gefühl, Gott in dieser Minute zu begegnen, aber wohl in eine völlig neue Dimension meines Daseins im Angesicht des Todes getreten zu sein. Es schien so, als ob Gott sich im Tode genähert hätte. Tage später drückte N. es so aus: „Der Engel Jahwes hat mich angerührt."

Es vergingen 20 Minuten, der Notarzt war immer noch nicht da. Ich fragte, ob ich noch einmal telefonieren solle. N. stimmte zu. Ich verließ ihn in großer Sorge und wunderte mich, daß er mich gehen ließ. Ich rief noch einmal die gleiche Nummer an, ich sagte verzweifelt: „Aber mein Mann erstickt ja", da hörte ich draußen das Taxi mit dem Arzt.

Der Notarzt

Ich öffnete dem Notarzt. Es war ein junger, energischer Mensch, der sich nicht mit Redensarten aufhielt. Er fragte noch auf der Treppe, was mit N. sei. Ich gab ihm Auskunft. Er ging ohne Aufenthalt ins Schlafzimmer. N. saß dort, hochaufgerichtet, mit schweißbedeckter Stirn, grau im Gesicht. Sein Atem ging röchelnd. Der Notarzt fragte, ob er erkältet gewesen sei. Wir verneinten. Der Arzt fühlte den Puls, maß den Blutdruck. Alles, was er tat, war ruhig und gezielt. Er griff eine Spritze nach der anderen aus seiner Tasche heraus, bedurfte keiner Hilfe, gab nur kurz die Anweisung, N. noch höher aufzurichten. Ich merkte, wie er immer wieder einen forschenden Blick auf N. warf, während er die verschiedenen Flüssigkeiten einspritzte. N. ließ alles mit sich geschehen. Es war tröstlich, Hilfe da zu haben. Eine bescheidene, unaufdringliche, tüchtige, gekonnte, sachliche Hilfe. Zwischendurch sagte der Arzt, es war eines der ganz wenigen Worte, die er an uns richtete: „Sie müssen ins Krankenhaus, Sie können nicht hier bleiben." Ich erwartete, daß N. protestieren werde. Aber er nahm es einfach hin. Er hatte verstanden. Er hatte die ganze Zeit schon begriffen, wie es um ihn stand. Er fügte sich ohne Widerspruch. Ich fragte den Notarzt, was ich richten müsse. Er meinte, im Augenblick gar nichts, im Krankenhaus wäre alles für N. vorhanden. Der Notarzt schickte mich, über Funk einen Rettungswagen der Feuerwehr anzufordern. Ich gab dem Taxichauffeur Bescheid. N. sagte nichts dazu.

Die Sanitäter

Plötzlich war das Haus voll von Männern in weißen Kitteln. Sie sahen alle aus wie Ärzte, ernst, gewichtig, tüchtig, erfahren. Es war der Arzt vom Rettungswagen der Feuerwehr mit seinen Trägern.

Mir wurde jede Entscheidung abgenommen. Es stand längst

fest, wohin der Notarzt N. fahren würde. Die Träger erklärten, daß sie keinesfalls N. auf einer Bahre die Treppe hinunterschaffen könnten, sie müßten eine Sitztrage nehmen. Die gewundene Treppe sei zu eng. Ich wunderte mich nicht, ich war nur erleichtert, daß sie eine Lösung für diese vermaledeite Treppe gefunden hatten.

Es ging alles überstürzt zu; ich habe nicht einmal gesehen, wie N. in den Krankenwagen getragen wurde. Ich bin mir nicht sicher, ob ich ihm sagen konnte, als er noch im Bett lag, das letzte Mal in seinem Bett lag, das letzte Mal in unserem Bett lag, daß ich ihn begleiten werde. Aber eigentlich mußte es nicht gesagt werden, es war zwischen uns selbstverständlich, es war fraglos, daß ich ihn begleiten würde.

Als ich endlich nach draußen kam, war der Krankenwagen schon verschlossen. Ich konnte mich nur wortlos in das Taxi des Notarztes setzen und ihm folgen. Der Krankenwagen fuhr mit Blaulicht, aber ohne Martinshorn.

Die Kinder

Als ich wußte, wie es um N. stand, ging ich zu Kerstin, um sie zu wecken. Ich sagte ihr, daß der Vater ins Krankenhaus müsse, sie möge aufstehen. Sie sprach mit mir, war verwirrt und bestürzt. Dann lief ich hinunter. Der Wagen von der Feuerwehr war gekommen. Erst nach geraumer Zeit konnte ich wieder nach Kerstin gucken. Sie war fest eingeschlafen. Es war mir nicht gelungen, sie wirklich zu wecken. Jetzt aber schreckte sie empor, war gleich aus dem Bett, lief in einem Bademantel mit nackten Füßen durch das Haus. Sie sah noch, wie der Vater auf einem Tragestuhl die Treppen hinuntergetragen wurde. Sie konnte nicht mehr mit ihm reden, sie mußte Auskunft geben, sie lief herum wie ein verscheuchtes Huhn. Der Vater hatte sie nicht wahrgenommen. Ich sagte ihr noch, daß ich mit in die Klinik fahren würde, sie solle wieder ins Bett gehen und versuchen zu schlafen. Ich horchte an den Türen der beiden anderen, alles war still. Die Unruhe im Haus hatte nicht ihren Schlaf zu stören vermocht, das Entsetzen war nicht durch die Wände gedrungen.

Als ich nach etwa eineinhalb Stunden aus dem Krankenhaus zurückkam, war Kerstin noch auf. Sie erwartete mich ängstlich. Wir sprachen miteinander. Es war so plötzlich gekommen. Niemand war vorbereitet gewesen. Am Morgen weckte ich die Kinder. Ich sagte ihnen, daß der Vater im Krankenhaus sei. Sie nahmen die Mitteilung beunruhigt entgegen. Krankenhaus, das hatten wir bisher nicht gekannt. Das war höchstens für die Kinder, nicht für die Großen. Ich sagte ihnen, daß der Vater in ernsthafter Lebensgefahr während der Nacht gewesen sei, es ihm jetzt aber besser gehe. Daraufhin gaben sie am Telefon die Auskunft, es gehe dem Vater schon viel besser.

Der Morgen verlief so ganz anders als sonst. Ich durfte für N. kein Frühstück richten, ich brauchte mich nur den Kindern zuzuwenden, aber ich drängte darauf, daß sie aus dem Haus gingen. Ich wollte sie versorgt wissen, bevor ich ins Krankenhaus fuhr.

Die Notaufnahme

Unser Taxi folgte dem Rettungswagen, wir hielten vor der Notaufnahme, als die Türen des Rettungswagens geöffnet wurden. N. lag auf einer Bahre, sie wurde herausgehoben. Ich sah sofort, daß mit ihm eine große Veränderung vor sich gegangen war. Er rang nicht mehr nach Atem, in seiner Lunge brodelte es nicht mehr. Ich zeigte ihm, daß ich da sei und daß ich auf ihn warten werde. Dann saß ich auf einer Bank vor der Notaufnahme, ich durfte den Raum, wo man sich um N. kümmerte, nicht betreten. Es war dort in dem Raum ganz still. Es drang kein Laut heraus. Was dort geschah, ich weiß es nicht. Die Minuten schlichen dahin, ich war wie erstarrt. Ich betrachtete den Gang, in dem ich saß, der sich an eine große Eingangshalle anschloß. Auf der anderen Seite war die Notaufnahme für die Chirurgie. Zwei, drei junge Leute saßen dort. Ihren Lärm und ihre Unterhaltung nahm ich erst allmählich wahr. Sie waren aufdringlich und laut, unterhielten sich, scherzten, und ich saß 40 Meter von ihnen entfernt, erstarrt, unfähig eines freien Gedankens, unfähig eines Gefühls, nur von dem Zwang beherrscht, tapfer zu sein, zu helfen, wenn Hilfe nötig war, N. nicht allein zu lassen.

Die jungen Leute wurden immer übermütiger. Nach einer geraumen Weile kam ein junger Mann aus der chirurgischen Notstation heraus, dick bandagiert und benommen; er wurde mit Gejohle willkommen geheißen. Man wollte sich totlachen darüber, wie ihn die Ärzte zusammengeflickt hatten.

Nach einer halben Stunde kam der Notarzt, der N. im Taxi begleitet hatte, aus dem Untersuchungszimmer. Er ging auf mich zu und sagte: „Ich glaube, wir haben es geschafft." Ich weiß heute, daß ich ihm für die letzten 4 Wochen mit N. Dank schuldig bin.

Endlich öffneten sich die Türen, N. wurde auf einer Bahre herausgeschoben. Ich ging neben ihm über die langen, stillen Gänge des Krankenhauses. Wir kamen zur kardiologischen Intensivstation. Dort wies mich der Arzt an, draußen zu warten. Ich setzte mich auf eine Bank an einen Tisch. Ich wartete abermals. Später sagte N., es habe ihn tief getroffen, wie ich da so allein zurückgeblieben sei. Es war lautlose Stille.

Der Nachtarzt

Endlich öffnete sich die Tür, jene Tür, durch die ich voller Hoffnung und voller Erwartung vier Wochen lang gehen sollte. Der Nachtarzt fragte nach mir. Es war ein sympathischer Mann, freundlich und hilfsbereit. Er fragte nach der Vorgeschichte der Erkrankung. Was konnte ich ihm erzählen? Ich beschränkte mich auf das, was ich medizinisch wußte, auf seine schweren Erkrankungen vor 20 und 10 Jahren, auf irgendwelche Symptome, die mir seit langem aufgefallen waren, auf das häufige Husten des Nachts. Der Arzt hörte sich kommentarlos an, was ich zu sagen hatte. Ich fragte ihn, wann ich N. besuchen dürfe. Er sagte, in der Intensivstation habe ich Tag und Nacht Zugang, es sei jedoch üblich, nur kurze Besuche zu machen. Ich war einverstanden. Dann erlaubte er mir, zu N. zu gehen. Er habe mir noch etwas mitzuteilen.

Auf Wiedersehen!

Ich erinnere mich nur mühselig an die wenigen Minuten, die ich N. sehen konnte. Ich bin mir nicht einmal sicher, ob ich registriert habe, daß mehrere Schläuche an ihm befestigt waren. Vielleicht war es auch so dunkel, daß ich nicht genau sehen konnte. Ich weiß nicht einmal mehr, ob ich mit ihm allein im Zimmer war.

Er machte wieder den vertrauten, vitalen Eindruck, wie immer. Was hatte er mir zu sagen? Er gab mir Anweisungen dafür, wie das Schwimmbecken zu versorgen sei.

Ich habe mich immer gewundert, daß N. nach diesen Stunden nichts anderes zu mir sagte, als wie ich das Schwimmbad pflegen müsse. Er sagte es mit großer Dringlichkeit und mit großer Sorge, als wäre das die einzige Sorge, die ihn im Augenblick bewegte. Es hört sich banal an, aber so ist es gewesen. Ich glaube, es fand eine Verschiebung der Problematik statt, von der Todesangst auf die Sorge um das Schwimmbecken.

N. war zufrieden, ich spürte, daß ich gehen sollte. Ich wäre gerne bei ihm geblieben, aber er bedurfte der Ruhe. Ich wünschte ihm gute Nacht, wir sagten uns auf Wiedersehn. Ich verließ die kardiologische Intensivstation. Ich fand durch die stillen Gänge den Weg zur Notaufnahme. Ich bat den Pförtner, mir ein Taxi zu bestellen. Ich wartete draußen auf der Bank. Ich gab dem Pförtner ein Trinkgeld. Endlich kam das Taxi. Es fuhr mich nach Hause. Ich erzählte nicht, was geschehen war, das Entsetzen fand noch keine Worte.

Das Testament

Die Nacht hatte uns keinen Schlaf mehr beschert. Immer wieder schreckte ich auf. Hatte das Telefon geläutet? Kam Nachricht aus der Klinik? Aber alles blieb still. An diesem Morgen hatte ich Zeit. Der ganze Vormittag stand mir zur Verfügung. Ich fuhr ins Krankenhaus. Ich schellte an der Intensivstation. Mir wurde aufgemacht. Lauter fremde Gesichter. Ich kannte niemand. Ich wurde um meinen Namen gefragt und ohne weiteres in N.s Zimmer geführt. Ich machte die Tür auf, N. lag am entgegengesetzten Ende des Zimmers. Er sah mich gleich, erkannte mich und rief mir „guten Morgen“ zu. Ich wußte nicht, daß dieses „guten Morgen“ das letzte sein sollte, das ich von ihm empfing. Meistens hatte er nicht die Kraft, mich schon an der Zimmertür zu begrüßen. Meistens genügte ein Aufleuchten seiner Augen, um mir seine Freude kundzutun. Es war schön an diesem Tag, so von ihm begrüßt zu werden. Das Frühstück stand noch neben seinem Bett. Er hatte mit Appetit gegessen, Kaffee getrunken, ein Ei verzehrt, ein Brötchen zu sich genommen. Ich wunderte mich, daß er Kaffee trinken durfte. Es ging alles so normal wie möglich zu. Ich nahm neben seinem Bett Platz, ich bestellte die Grüße und Wünsche von den Kindern. Er freute sich. Er hatte sich offensichtlich in der Nacht viele Gedanken gemacht. Er sagte: „Wenn das alles überstanden ist, machen wir zusammen endlich unser Testament." Wir hatten diesen Plan seit langem gehabt. Ich sagte: „Ja, das sollten wir dann wirklich machen." Wir brauchten keine Einzelheiten festzulegen, wir wollten uns gegenseitig zu Erben einsetzen. Mitten in dieses kurze Gespräch stürzte die junge Ärztin herein und rief: „Um Gottes willen, Sie dürfen nicht über Ihr Testament sprechen. Sie sind nicht am Sterben. Man sieht ja draußen förmlich am EKG, was Sie zu besprechen haben. Sprechen Sie etwas Alltägliches, etwas Leichtes, Sie haben es wirklich nicht nötig."

Ich hatte N. keinerlei Veränderung angemerkt. Ich hatte nicht gespürt, daß ihn größere Erregung gepackt hatte. Aber vielleicht hatte ihn dieser Gedanke schon seit Stunden gequält. An diesem Morgen hatte er noch die Kraft, von einem Testament zu sprechen. Das war das einzige Mal in diesen vier Wochen, daß zwischen uns von einem Testament die Rede war, das einzige Mal, wo indirekt über das Sterben gesprochen wurde.

Ich glaube, später war er nicht mehr fähig dazu, sich dem Tod zu stellen. Er war zu müde und erschöpft.

Der erste Tag

Wie harmlos bot sich der erste Tag dar. Ich hatte N. seit langem nicht mehr so munter gesehen, zuversichtlich, fast fröhlich, entspannt, wie erleichtert, der Arbeit und der Pflichten einmal guten Gewissens ledig zu sein. Er sagte, er fühle sich wohl im Krankenhaus, er fühle sich wohl bei den Ärzten und wohl bei den Schwestern.

N. wirkte auch ganz natürlich. Es störte nicht, daß ihm ein Sauerstoffschlauch in die Nase ging, es störte nicht, daß sein rechter Arm bandagiert war und Infusionen in die Vene tropften, es störte nicht, daß er einen einfachen Krankenhauskittel trug. Ich konnte den Kindern gute Nachricht bringen. Am Nachmittag besuchte ich N. zum zweiten Mal. Er freute sich über meinen Besuch. Ich brachte ihm die Zeitung mit. Er war ganz der alte, nur gelöster, zuversichtlicher, man merkte ihm die Todeserfahrung der Nacht nicht an. Vielleicht aber auch war die Erfahrung des Gerettetseins so groß, daß sie die Stimmung steigen ließ. Er betonte immer wieder: „Ich habe keine Angst gehabt." Es lag etwas wie Staunen in seiner Stimme. Auf meine Frage nach der Diagnose sagte man mir, man glaube, daß es sich um einen Herzinfarkt handle, aber die Diagnose sei noch nicht gesichert.

Der zweite Tag

Am Morgen des 2. Tages hatte ich um 7 Uhr in der Klinik angerufen. Der Pfleger sagte mir, es ginge N. gut. Ich konnte nicht sofort in die Klinik fahren, ich hatte erst um 10 Uhr Zeit. Als ich dort war, lag N. in einem anderen Zimmer. Er versuchte nicht, sich aufzurichten, er war angestrengt, erschöpft, er sprach mit leiser Stimme, er erzählte mir, was die Nacht vorgefallen war. Eine Frau sei in sein Zimmer eingeliefert worden, die die ganze Nacht über getobt habe, er habe keine Minute Ruhe gehabt. Er war voller Abwehr gegen die hysterische Patientin. Der Chefarzt habe ihn verlegen lassen. Die Veränderung, die mit N. vor sich gegangen war, war erschreckend. Ich versprach, am Mittag wiederzukommen. Durch die Erfahrung des zweiten Tages bestimmt, bin ich dreimal täglich zu ihm gefahren.

Von diesem Tag an fühlte er sich mehr oder weniger erschöpft. Er, der nie nach Beruhigungsmitteln oder Schlafmitteln verlangt hatte, bat, ja bettelte jetzt um Mittel, die ihn zur Ruhe kommen ließen. Er schickte mich immer wieder zu den Schwestern, um sich zu vergewissern, daß unter seinen Arzneimitteln auch Schlafmittel seien.

Die Diagnose

Als ich das Krankenzimmer verließ, sprach mich draußen eine Ärztin, die „tüchtige" Ärztin, an. Ich hatte bisher keine Frage gestellt, ich dachte, man werde schon auf mich zukommen, wenn man mir eine Mitteilung zu machen habe. Es war keine Unterredung, die ich mit ihr hatte, es war eher ein Wort im Vorübergehen, etwas schnell Hingeworfenes, fast mürrisch Klingendes. Keine Vorbereitung auf das, was sie mir sagen wollte, kein Versuch einer Erklärung, kein Versuch einer Deutung, fast wie eine

Warnung, wie eine Drohung sprach sie es aus. „Damit Sie es wissen, es handelt sich um einen Herzinfarkt, der durchaus ernst zu nehmen ist.“ Das war alles.

Ich hatte längst mit dieser Diagnose gerechnet. Natürlich wußte ich, daß ein Herzinfarkt lebensgefährlich ist. Vielleicht war es richtig, daß sie hinzufügte, er sei ernst zu nehmen. Denn das Bild, das N. am Tage zuvor geboten hatte, hatte mich ja wirklich zuversichtlich gestimmt. Was heißt ernst nehmen? Was versteht ein Arzt unter ernst nehmen? Was meint er damit? Was wollte er mir sagen? Hielt mich die Ärztin, die wohl eine halbe Generation jünger war als ich, für jemanden, den sie auf eine Gefahr aufmerksam machen, dem sie die Wichtigkeit und Gewichtigkeit einer Situation vor Augen rücken mußte?

Ich war nicht in der Lage, auf diese hingeworfene Diagnose hin eine Frage zu stellen. Mir war es gar nicht nach Fragen zumute. Aber das Nebenbei, in dem mir diese Eröffnung gesagt wurde, irritierte mich. Daß man sich keine Mühe gab, mir – einem Laien – verständlicher zu machen, wie es um N. stand. Ich wußte ja nicht einmal meine Fragen zu formulieren, ich wußte nicht einmal, wonach ich fragen sollte. Eigentlich war es doch so, daß eineinhalb Tage zuvor eine Welt für die Kinder und mich zusammengebrochen war. Dieser Zusammenbruch bekam nun einen Namen: Herzinfarkt. Aber nach dem, was er mit sich brachte, für N., für die Kinder und für mich, hat niemand gefragt.

Wenige Stunden nach der Verkündigung der Diagnose wurde ich angerufen. Frau H. hatte einen Bekannten im Krankenhaus, den sie beauftragt hatte, sich um N. zu kümmern. Er hatte ihr mitgeteilt, die Diagnose stünde fest, es sei ein Herzinfarkt, aber man brauche sich nicht zu beunruhigen, es sei wirklich nur ein kleiner Infarkt. Was ist das, ein kleiner Herzinfarkt? Was sollte ich glauben?

Ich konnte mir auf den Widerspruch keinen Reim machen, aber ich begriff, daß ich von jedem Arzt etwas anderes hören würde, je nach seiner eigenen seelischen Struktur, pessimistisch, optimistisch, übertrieben, untertrieben. Das Karussell fing an, sich zu drehen. Ich hatte N. an dem Morgen gesehen und fand ihn schwer krank.

Die nächsten Tage

Was aber am Donnerstag und Freitag geschah, weiß ich kaum mehr. N. fühlte sich angestrengt, er klagte über schlechten Schlaf, er verlangte nach Beruhigungsmitteln. Sein Bedürfnis nach Ruhe war so groß, daß er mich schon in diesen ersten Tagen bat, seine Behörde auf eine lange Erholungszeit hinzuweisen.

Mir wurde ein Attest ausgestellt. Es war ein einfacher Vordruck. Diagnose: Herzinfarkt. Krankheitsdauer: voraussichtlich 6 Wochen. Ich erzählte N. nichts davon. Ich dachte, daß diese 6 Wochen ihrer Kürze wegen N. beunruhigen könnten.

Das Stilliegen

In den ersten Tagen war ich einmal dabei, wie der Chefarzt an das Bett trat. N. richtete sich mit Hilfe des Galgens energisch auf, und ich sagte zu ihm: „Du, du darfst nicht so rumturnen.“ Der Chefarzt bestätigte meine Bemerkung. Er sagte: „Ja, im Augenblick sollten Sie jede unnötige Anstrengung vermeiden. Aber das dauert nicht lange. Bald können Sie sich wieder frei bewegen.“

Ich war erstaunt; mir wäre es nicht in den Sinn gekommen, daß eine solche Warnung für den Kranken beunruhigend sein könne. Es war eine leise, kaum vernehmbare Bemerkung, zum Trost und zur Ermutigung.

Die Verlegung

Es hatte alles den Anschein des Alltäglichen und Harmlosen. Ich selbst aber wurde jeden Tag unsicherer. Die leisen, unwägbaren Zeichen einer Verschlechterung, die ich feststellte, türmten sich in mir zur Angst auf. Aber ich wurde immer wieder eines anderen belehrt, d.h., ich ließ mich in meinem Gefühl unsicher machen, ich vertraute auf das Urteil der Ärzte mehr als auf mein Gespür für einen Menschen, mit dem ich über 20 Jahre lang verbunden war. Ich glaube, daß diese Diskrepanz zwischen meinem Empfinden für das, was in N. vor sich ging, und für das, was die Ärzte als Maßnahmen anordneten, eine der größten Belastungen während der Krankheit war.

Am Freitagabend, vier Tage nach dem Herzinfarkt, brachte man N. in ein Einzelzimmer. Er hatte die Gefahr überstanden, er brauchte nicht mehr auf der Intensivstation zu liegen. Nur die Infusionsflasche hatte ihn begleitet. Ich wußte nicht, daß N. noch über einen Funkapparat mit dem Monitor auf der Intensivstation in Verbindung stand und dort noch sein Herzschlag überwacht wurde. Die Verlegung war Anlaß zu eitel Freude, aber ich konnte mich nicht freuen, ich vermochte es nicht, mir steckte das Entsetzen noch in den Knochen.

Im Einzelzimmer

In meiner Erinnerung ist das erste Einzelzimmer von der Gestalt einer dragonerhaften Stationsschwester ausgefüllt, die sich lautstark und lebhaft mit N. am Samstagnachmittag unterhielt. Die Schwester sagte: „Eigentlich geht es dem Herrn sehr gut dafür, daß er erst so kurz einen Herzinfarkt gehabt hat. Das ist ja sehr erfreulich." Ich schaute N. an, mir kam er angestrengt, überfordert vor, aber die Schwester redete mit voller Lautstärke weiter. Sie zerstörte unser ganzes Beisammensein, sie nahm alle Zeit für sich in Anspruch, sie dirigierte das Gespräch. Ich dachte die ganze Zeit: „Das ist zu viel für ihn, das belastet ihn zu sehr. Sieht sie denn nicht, wie schwach er ist?" Aber er hielt aus allen Kräften mit. Als sie ging, sagte er voller Befriedigung: „Die Schwestern hier sind alle sehr nett zu mir." Ich hatte zum ersten Mal den Eindruck, daß er sich den Ärzten und Schwestern gegenüber zusammennehme. Wenn wir beide allein waren, war er still und ohne jegliche Robustheit, eher anklammerungsbedürftig. N. war glücklich über das neue Zimmer, über das eigene Zimmer, über den eigenen Raum, über die Stille, und ich fand ihn dort mutterseelenallein und verlassen.

II.
Das Krankenhaus

Das Haus

Das Krankenhaus war mir unbekannt. Es war erst seit eineinhalb Jahren in Betrieb, es lag außerhalb der Stadt in einem neugebauten Stadtteil. Alles an ihm war funkelnagelneu. Es war mit einer breiten Vortreppe angelegt, in die große Blumenbeete eingesprengt waren. Ein hübscher Anblick, aber mir dauerte es immer zu lange, bis ich die vielen Treppen genommen hatte.

Bei diesem Krankenhaus gab es keine Parkplatzprobleme. Ich bin zu allen Tageszeiten dorthin gekommen, während der Besuchszeiten, außerhalb der Besuchszeiten, ich habe immer mit Leichtigkeit einen Parkplatz gefunden. Ich war sehr froh darum. So war der Besuch für mich keine besondere Belastung. Es war ein Unternehmen, das ich dreimal am Tag bewältigen konnte.

Ob das Krankenhaus funktionell eingerichtet war, kann ich nicht beurteilen. Es machte einen weitläufigen und trotzdem persönlicheren Eindruck als die endlosen hallenden Gänge, die früher in den Krankenhäusern üblich waren. Es war alles hübsch und gepflegt.

Als N. am letzten Tag verlegt wurde, kam er in ein berühmtes Krankenhaus, einen veralteten Bau, dessen Schäbigkeit mich niederdrückte. Ich erinnere mich mit Unbehagen der abgegriffenen Türen, der abgerissenen Leisten an den Wänden, der Behelfsmäßigkeit, der Unwohnlichkeit. Der kleine abgeteilte Raum aber, in dem N. starb, war sauber und hell.

Die Verwaltung

Ich wunderte mich, daß ich nicht schon am ersten Tag vorgeladen wurde, um eine Anzahlung zu machen. Am 2. oder 3. Tag wurde ich gebeten, die Bezahlung zu regeln. Ich betrat ein kleines Zimmer, in dem mehrere Maschinen einen ohrenbetäubenden Lärm machten. Ich dachte: „Das steh ich nicht durch, hier am Schalter zu sprechen. Ich verstehe ja mein eigenes Wort nicht."

Aber die Bearbeiterin kam hinter dem Schalter hervor, setzte sich zu mir und erklärte, wie ich den Fragebogen ausfüllen solle. Ich fragte, in welcher Höhe sie eine Anzahlung erwartete. Nein, eine Anzahlung war nicht nötig, ich mußte ein Revers unterschreiben, daß die private Krankenkasse mit dem Krankenhaus unmittelbar abrechnen könne. Das war die angenehmste Abrechnungsmethode, die mir je in einem Krankenhaus begegnet ist.

Ich hatte das Gefühl, daß die Verwaltung sich großzügig und freundlich verhielt. Die endgültige Rechnung erhielt ich erst drei Monate nach N.s Tod.

Der Pförtner

Dreimal am Tag mußte ich die Pforte passieren. Nein, eigentlich sechsmal, denn ich grüßte den Pförtner ja nicht nur, wenn ich das Krankenhaus betrat, sondern auch, wenn ich es verließ. Einer von ihnen war immer freundlich, er erwiderte meinen Gruß, er erkannte mich schon am zweiten Tag. Für die Intensivstation gab es keine einschränkenden Besuchszeiten. Ich war immer erleichtert, wenn ich diesen Pförtner in der Empfangshalle sah. Ich war empfindlich, ich mochte nicht gerne angesprochen werden. Das Fragen, was ich zur Unzeit zu suchen hätte, vertrug ich schlecht.

Ein anderer Pförtner konnte nie auf ein inquisitorisches Fragen verzichten. Ich sagte ihm schließlich, daß ich seit drei Wochen täglich käme, ob er mich denn immer noch nicht kennen würde. Aber er hatte gar kein Interesse daran, mich zu erkennen.

Besonders entwürdigend empfand ich es, wenn kurz vor der Besuchszeit sich etwa 100 Leute in der Vorhalle stauten. Sie durften die Pforte nicht passieren, der Gong, der ihnen den Eintritt freigab, hatte noch nicht geschlagen. Die Schwestern auf den Stationen waren noch nicht bereit, sich dem Ansturm der Besucher zu stellen.

Ich schlich mich immer durch ihre Reihen, rasch und leise,

ich vermied es, in ihre Gesichter zu sehen, in die besorgten oder in die freudig erregten Gesichter. Wie froh wäre ich, noch einmal voller Hoffnung durch diese Pforte gehen zu dürfen.

Das Krankenzimmer

Das Krankenzimmer auf der Intensivstation war ein schmuckloser, funktionell eingerichteter Raum. Es bot Platz für zwei Betten. Wenn ein Bett nicht benutzt wurde, wurde das leere Bett hinausgeschoben. Das große Fenster ließ viel Helligkeit ein, der Lichteinfall ließ sich durch einen Schiebeladen regulieren. Das Zimmer wurde künstlich belüftet, es war sehr warm. Die Kranken lagen meistens nur in ihrem Hemd da mit einem Leinentuch zugedeckt. Eingebaute Schränke boten Platz, um die Habseligkeiten der Patienten aufzunehmen. Ein Waschbecken mit Desinfektionsmitteln stand allen zur Verfügung. Überall hingen Papier- oder Zellstoffrollen zur freien Bedienung, ein Arzneimitteltisch stand an der Wand mit allem Zubehör, um kleinere Eingriffe vornehmen zu können. Zu jedem Bett gehörte ein Nachttisch, der dem Kranken die ganze Zeit seiner Krankheit zur Verfügung stand. Er wurde mit ihm von einem Zimmer ins andere gefahren. Das Nachttischchen war so konstruiert, daß man eine Eßplatte herausziehen konnte, so daß es zugleich als Krankentisch benutzbar war. Vorne war ein Drahtgestell angebracht, in dem die Urinflasche stand, die Schublade war von beiden Seiten zugänglich. Blumen waren auf der Intensivstation nicht geduldet. An den Wänden waren zahllose Steckdosen angebracht. Ein Trichter, auffüllbar mit einer Inhalationsflüssigkeit zum Inhalieren, hing an jeder Bettstelle. Auf einem Vorsprung lagen über jedem Bett die Tageblätter des Kranken. Einige Infusionsträger standen in jedem Krankenzimmer, die meisten in Benützung. Stühle waren nur zwei vorhanden. Die Kranken brauchten sie nicht.

Die Intensivstation war leicht zu erreichen, vorbei an der Pförtnerloge, 40 m etwa geradeaus zur linken Hand war die Glastür mit der Aufschrift: kardiologische Intensivstation. Sie war mit einer Glocke versehen, „Besucher bitte läuten“ stand daran. Auf das Läuten hin wurde man eingelassen, man trat in einen Vorraum, in den vier Krankenzimmertüren mündeten. Er mag vielleicht 15, 16 m lang und 4–5 m breit gewesen sein. Rechts lagen Kammern mit Bädern, Toiletten, viele große Arzneimittelschränke standen in dem Vorraum, große Schränke, mit Tüchern und Zellstoff, eine Kammer mit Urinflaschen und Steckschüsseln, ein langer Schreibtisch, über dem der Monitor angebracht war. Einige Stühle standen herum, nicht einmal ausreichend für die Ärzte und Schwestern, um sich hinzusetzen. Es gab auf der Intensivstation, so weit ich beobachtet habe, keinen Aufenthaltsraum, wohin sich Ärzte und Schwestern zurückziehen konnten. Gegessen wurde an diesem Schreibtisch. Ich habe öfter Ärzte und Schwestern und Pfleger wie die Hühner auf der Bank vor dem Schreibtisch sitzen und ihr Frühstück oder ihr Abendessen einnehmen sehen. Es war alles funktionell für die Kranken eingerichtet, die Ärzte und Schwestern hatten sich zu behelfen. Die Türen zu den vier Krankenzimmern enthielten große Sichtfenster, so daß die Kranken jederzeit beobachtet werden konnten.

In diesem Vorraum mußten auch Besucher warten, ehe sie in das Krankenzimmer eingelassen wurden. Ich stand oft lange Zeit vor dem Arzneimittelschrank und schaute mit Unbehagen auf die Etiketten, die noch unendliche Möglichkeiten des Erkrankens offenließen.

Wie oft bin ich lange zwischen dem Arzneimittelschrank und dem Schrank für die Wäsche auf und ab gegangen, weil ich nicht zu N. gelassen wurde, sei es, daß ein Arzt bei ihm war, sei es, daß er geröntgt wurde, sei es, daß er gewaschen wurde, sei es, daß ein Mitpatient versorgt wurde.

Zu meiner großen Überraschung habe ich bei anderen Kranken fast nie Besuch angetroffen. Trotzdem herrschte immer reger Betrieb auf der Intensivstation. Die Schwestern waren unentwegt in Bewegung, und ich hatte immer das Gefühl, sie zu stören. Auch die Ärzte habe ich nie beim Plaudern angetroffen. Die Intensivstation war eine seltsam unwirkliche Welt, überaus geschäftig, überaus funktionell, auf Rettung und Hilfe abgestellt, aber der Menschlichkeit wenig Raum lassend.

Die Apparate

Außer den angegebenen Apparaten wurden zusätzlich noch andere in das Krankenzimmer der Intensivstation geschoben. Jeden Tag kam ein Röntgenapparat, der aussah wie ein Galgen. Zwei medizinische Assistentinnen bedienten den Apparat und schoben ihn von einem Bett zum anderen. Das Röntgen ging rasch vor sich. Es bedeutete, soviel ich beobachten konnte, keine große Belastung für den Patienten. Nur die Vielzahl dessen, was mit dem Patienten gemacht wurde, erschöpfte ihn.

Außer dem EKG, das über den Monitor abgeleitet wurde, wurde auch noch täglich mit einem Apparat ein schriftliches EKG aufgenommen, das genauer über den Zustand des Herzens Auskunft geben konnte. Ich bin niemals bei der EKG-Aufnahme anwesend gewesen, war auch niemals im Krankenhaus, als sie gemacht wurde. Mir sind auch niemals EKG-Aufnahmen vorgelegt oder erklärt worden. Ich weiß nichts darüber.

Als N. einige Tage nach der Einlieferung ins Krankenhaus schon auf ein Einzelzimmer verlegt wurde, wurde er mit seinem Bett in den Röntgenraum geschoben. Er kam erst nach einer Stunde zurück. Er war erschöpft und mitgenommen.

Der Monitor

Die ersten Tage achtete ich nicht darauf. Erst mit der Zeit konnte ich ihn, wenn auch nur in groben Zügen, verstehen. Der Monitor zeigte die EKG-Ableitung an. Er sagte im wesentlichen etwas über die Regelmäßigkeit und Unregelmäßigkeit aus. Mir wurde von den Ärzten erklärt, er verriete nicht die Feinheiten, die sich in einer normalen EKG-Aufzeichnung mitteilten.

Wenn ich draußen vor dem Zimmer warten mußte, stand ich fasziniert vor den Monitoren, der die EKG-Ableitungen aller anwesenden Kranken wiedergab. Da waren Arkaden und

Girlanden, die in verwirrender Fülle über den Bildschirm liefen. Manche EKGs liefen wie stille, stumme Bilder mit großer Regelmäßigkeit ab, gestochen, sauber, klar. Andere verwirrten sich immer wieder, zeigten kaum einen Ausschlag, kamen in unregelmäßigen Abständen in die Höhe oder in die Tiefe. Ich hatte das Gefühl, den Menschen nahe zu sein, deren Herzschlag sich auf dem Bildschirm widerspiegelte. Mein Herz begann zu klopfen, weil ich meinte, das Leben dieses Menschen verfolgen zu können, immer in der Furcht, daß es im nächsten Augenblick verlöschen könne. Ich sah auch, daß einzelne Anstrengungen, z.B. das Aufrichten eines Patienten, eine Unregelmäßigkeit im EKG hervorriefen.

Mit der Zeit entdeckte ich, daß der Bildschirm nicht nur die EKG-Ableitungen wiedergab, sondern auch Ausschnitte aus den Krankenzimmern. Ich sah auf dem Bildschirm schwer atmende Kranke mit zurückgelegtem Kopf, die um Luft rangen, Schwerkranke, vielleicht Sterbende.

Die Pflegerinnen waren ununterbrochen mit diesen Bildern konfrontiert. Wie ertragen sie es, ständig diese Not und dieses Sterben zu sehen! N. habe ich auf diesem Bildschirm nie erblickt.

Der Katheter

Ich glaube, schon am ersten Tag bemerkte ich, daß N. an einen Katheter angeschlossen war, das heißt, die Blase leerte sich unmittelbar in eine Plastiktüte hinein, so daß die Ausscheidung kontrolliert werden konnte. Offensichtlich ist die Gefahr beim Herzinfarkt groß, daß ein Nierenversagen hinzutritt. N. konnte die Plastiktüte, die sich mit gelbem Urin füllte, nicht sehen, sie hing unter dem Bett. Für mich war sie ein gewohnter Anblick, den ich kaum registrierte. Ich weiß nicht einmal, wann der Katheter entfernt worden ist. Später allerdings, in den letzten 24 Stunden, wurde er wieder angelegt, zu spät. Bis zu seinem Tod sammelte sich kein Tropfen mehr darin.

Das Inhalieren

Das Inhalieren war eine der wenigen Situationen, bei denen ich im Krankenhaus anwesend sein durfte. Ein trichterförmiges Gebilde war an der Wand angebracht, durch das atmungserleichternde Mittel dem Kranken zugeleitet werden sollten. Der Kranke bekam das trichterförmige Gebilde über Mund und Nase gestülpt und mußte 10 Minuten tief einatmen. N. haßte das Inhalieren, es war ihm lästig, er tat es nur mit Widerstreben. Offensichtlich war es für ihn eine Maßnahme, bei der er sich anstrengen, nämlich tief einatmen, mußte. Er hielt sich den Trichter vor die Nase, weit genug entfernt, um nur eine Spur der künstlichen Luft mitzubekommen, und war froh, wenn ich anwesend war, um den Apparat möglichst bald auszuschalten.

Auch bei den Mitpatienten habe ich beobachtet, daß sie das Inhalieren nicht schätzten. Sie kippten sich zwar tapfer den Trichter über Nase und Mund und inhalierten, wie es ihnen befohlen worden war, aber sie waren doch froh, wenn ich ihnen auf ihre Bitte hin das Gerät abstellte.

Vielleicht ärgerte es N. aber auch, daß er zum Inhalieren aufgefordert wurde zu einer Zeit, wenn ich zu Besuch kam.

Für den Kranken bedeutete die Unterbrechung des Besuches immer wieder einen großen Verzicht, der vielleicht in gar keinem Verhältnis zu der Förderung seiner Gesundheit durch das Inhalieren stand.

Der Sauerstoff

Die meisten Patienten auf der Intensivstation bekamen außer den ständig tropfenden Infusionen auch Sauerstoff. Er wurde ihnen mit Hilfe eines dünnen Schlauches durch die Nase zugeführt. Wenn ich früher Kranke an so vielen Schläuchen hängen sah, fühlte ich mich tief beunruhigt und bedroht. Im Laufe dieser vier Wochen aber nahm ich sie als natürlich und gegeben hin. Der Kranke war sowieso derart eingeschränkt in seiner Bewegungsfreiheit, daß das Abhängigsein von Schläuchen fast wie etwas Natürliches wirkte.

Die Sauerstoffzufuhr verursachte ein leises, zischendes Geräusch. Ich lernte mit der Zeit, den normalen Zufluß von Sauerstoff vom Geräusch her gegenüber einem gestörten Zufluß zu unterscheiden. Auf irgendeine Weise sammelte sich in einem Gläschen Wasser, irgendwann versagte dann die Sauerstoffzufuhr, und das Gläschen mußte geleert werden.

Die Infusionen

Für die meisten Laien sind die Infusionen besonders beeindrukkend. Große Infusionsflaschen, die etwa 1 Liter Flüssigkeit enthalten, hängen an einem Infusionsgalgen, die Flüssigkeit tropft in regelmäßigen Abständen, kontrolliert durch ein elektrisches Kontrollgerät, durch dünne Schläuche in die Vene des Kranken. Damit nicht jeder Schlauch einzeln in die Vene durch eine Nadel eingeführt werden muß, wird auf die verschiedenen Schläuche ein Endstück gesetzt, in das die Schläuche einmünden. Dieses Endstück wird mit der Infusionsnadel verbunden.

Die Venen halten diese Belastung nicht endlos aus. Die Infusionsnadeln müssen immer wieder an anderen Stellen angelegt werden. Im Anfang wurden die Venen in der Armbeuge benutzt; damit die Infusionsnadel bei einer ungewollten Bewegung nicht ausreißen konnte, wurde der Arm dick bandagiert. Später versuchte man die Infusionen durch das Bein zu leiten. Einmal, 24 Stunden vor N.s Tod, wurde versucht, die Stirnvene zu benutzen. Als er starb, hatte er immer noch eine Infusion in einer Brustvene.

Mit Ausnahme des letzten Tages hat N. darüber nie eine Klage geäußert. Obwohl ich mir so manchmal meine Gedanken machte, wenn ich – bevor die Wäsche gewechselt worden war – zu ihm kam und das blutbefleckte Bettuch sah.

Das erste Einzelzimmer

Auch das erste Einzelzimmer war ein kahler Raum, aber N. lag allein. Er bedurfte der Klingel, um eine Schwester herbeizurufen. Ich konnte die Gänge entlanggehen und unangemeldet, ohne zu fragen, N.s Zimmer betreten. Seltsamerweise hat mir das Einzelzimmer Schwierigkeiten bereitet, die ganze Zeit über, die N. nicht in der Intensivstation lag. Ich fühlte mich weitab jeder Hilfe, fernab vom Gesehenwerden. Mir kam das Privatzimmer wie ein Exil vor. N. aber war darüber glücklich.

Heute, wenn ich darüber nachdenke, wird mir deutlich: ich weiß nicht, wie der Chefarzt N. erlebte, aber eins hatte er offensichtlich verstanden, daß N. unsäglich unter dem Zusammensein mit einem anderen Patienten litt. Er wagte, um N. nicht unnötig zu belasten, ihn auf dem Einzelzimmer liegen zu lassen, obwohl sein Zustand bedrohlich war. Ich glaube nämlich nicht, daß er ihm ein Einzelzimmer gegeben hat, um eine höhere Rechnung stellen zu können. Oder weil etwa in der Intensivstation kein Bett für ihn frei gewesen wäre. Ich glaube eher, daß es aus wirklicher Güte N. gegenüber geschah.

Das Einzelzimmer war ebenso schmucklos wie die Zimmer auf der Intensivstation. Ihm fehlten nur die vielen Apparate und technischen Vorrichtungen. Ein kleiner Tisch stand an der Wand, übervoll mit Blumen. Irgendwo hing ein Speiseplan und freundliche Hinweise für den Kranken über die Krankenhausverwaltung und über den Gottesdienst. Ich glaube, ein einfaches Kreuz hing über der Tür.

Das Telefon

Auf der Intensivstation gab es für die Kranken kein Telefon. Aber als N. auf das Einzelzimmer gelegt wurde, wurde ihm ein Telefon zur Verfügung gestellt. Im ersten Einzelzimmer hat er das Telefon keinmal benutzt. Er war zu angestrengt, auch zu der Zeit, als er nach Meinung der Ärzte sich in einem besseren Gesundheitszustand befand.

Zum zweiten Mal erhielt er ein Telefon, als er nach drei Wochen abermals in ein Einzelzimmer verlegt wurde. Von dort aus hat er mich zweimal um Hilfe gerufen. Ich selbst rief ihn nicht an. Ich wußte, daß er zu sehr erschrecken würde.

Fast vier Monate nach seinem Tod traf eine Rechnung ein: acht Tage Telefon, Grundgebühr DM 11.–, Gespräche DM –.60. Noch ein paar Tage später kam die Rechnung über die zweitägige Telefonmiete, als er nur kurz auf dem Privatzimmer lag: DM 4.– Grundgebühr, Gespräche: keine.

III.
Ärzte, Pfleger, Betreuer

Die junge Ärztin

Als ich am Morgen nach der Erkrankung N. besuchte, sah ich sie. Sie wirkte jung, schlank, munter, auf eine oberflächliche Weise liebenswürdig. Sie hatte flinke Bewegungen, sah adrett aus, eine Spur zart, nicht sehr stabil. Einmal wies sie mich aus dem Krankenzimmer hinaus, weil eine neue Patientin eingeliefert wurde. Die Ärztin wirkte nervös, offensichtlich der Verantwortung des Neuzugangs nicht ganz gewachsen. Ich versicherte ihr, ich würde gerne draußen warten, ich hätte Zeit genug. Aber sie verwehrte es mir unverbindlich und gereizt. N. mußte mich ziehen lassen. Er tat mir leid. Es ging ihm nicht gut. Ein Neuzugang in seinem Zimmer würde ihn sehr belasten.

Am ersten Tag gab die Ärztin N. einen Rat: „Lesen Sie etwas Leichtes, am besten einen amüsanten Krimi, das tut Ihnen gut."

Sie hatte es freundlich gesagt, mit einer gewissen Entschiedenheit, die für viele Kranke hilfreich gewesen wäre. Aber ich fühlte N. von der Ärztin mißverstanden. Er vermochte nicht, sich mit Leichtem und Oberflächlichem zu begnügen. Gewiß, N. war noch in der Lage, sich über diese Fehleinschätzung hinwegzusetzen. Sie war die erste von vielen ununterbrochenen Mißverständnissen und Verkennungen, die, auf die Dauer von Wochen gesehen, die Menschenwürde untergraben.

Wenn die junge Ärztin auch vorlaut und ein wenig pubertär wirkte, so war sie doch wie alle ihre Kollegen und Kolleginnen ununterbrochen einsatzbereit. In einer Nacht – N. lag nicht auf der Intensivstation – hörte sie ihn husten. Sie verließ die Intensivstation und suchte ihn auf. Sie hat nicht auf ihre Müdigkeit geachtet, sie hat nicht auf die Uhr geschaut. Ein Kranker hustete, sie fühlte sich gerufen zu helfen. Wenige Stunden später – es war der Tag vor N.s Tod – behandelte sie mich wie ein dummes

Gör. In meiner Erinnerung bleibt das Bild einer blutjungen Ärztin zurück, bemüht, verantwortlich, tüchtig und gescheit, zugleich aber auf eine unerträgliche Weise verständnislos, oberflächlich und undifferenziert.

Der Oberarzt

Der Oberarzt war der umgänglichste von allen Ärzten. Er war nicht von der Aura einer großen Heilspersönlichkeit umgeben. Er war ein normaler, freundlicher Mensch, der sich nicht hinter einem Rollenspiel verbarg. Er grüßte von weitem, er ließ sich unbedenklich ansprechen. Er gab freundlich Auskunft, er überlegte mit.

Einmal hatte N. in einem Zustand der Verwirrtheit Rachegedanken gegen seine Behörde geäußert. Der Oberarzt hatte sich N.s Klagen angehört. Als er mir davon berichtete, merkte ich, daß er dergleichen oft erzählt bekam, daß er solche Berichte nicht ernst nahm. Für ihn gab es nur die physische Situation des Kranken, das Seelische würde sich schon wieder einrenken. Auch als ich ihn bestürzt auf die Verwirrtheit von N. ansprach, meinte er, das sei die sog. Wachraumpsychose. Sie als Ärzte kennten das und würden es nicht mehr beachten. Das ginge auch wieder vorüber. Ich habe den Oberarzt nie auf der Station selbst erlebt. Auf dem Gang habe ich ihn gelegentlich getroffen. Er machte immer den gleichen freundlichen, ein wenig unbekümmerten Eindruck. Nachträglich kommt es mir vor, als ob er ein Tausendsassa gewesen sei, eine weitere Spielart des Phänomens Arzt.

Die tüchtige Ärztin

Sie wirkte uncharmant, herb, fast unfreundlich. Sie suchte keinen Kontakt, sie sprach nie ein persönliches Wort. N. sagte nach drei Wochen zu mir: „Ich habe sie heute zum erstenmal menschlich erreicht." Sie war unerreichbar. Sie hatte das Gesicht einer schwer arbeitenden Magd, treu, zuverlässig, genau, fleißig, tüchtig, aber abwehrend bis ins letzte. Der Krankenhauspfarrer sagte mir, sie könne seinen Anblick nicht ertragen. Wenn er bei einem Kranken sei, müsse sie sich immer etwas bei dem Kranken zu tun machen, sie weise ihn dann schroff hinaus. Er glaube aber, daß er einmal werde mit ihr zusammenarbeiten können. Er bestätigte mir meinen Eindruck, daß sie besonders tüchtig sei. Die tüchtige Ärztin sah ich am häufigsten auf der Intensivstation, sie ließ sich fast nicht grüßen, sie sprach nie von selbst, es sei denn, sie mußte eine kurze Mitteilung machen. Sie sagte mir die Diagnose ins Gesicht, hielt es aber nicht für notwendig, über die Konsequenzen zu sprechen. Wie ging sie wohl mit den Leuten um, die weniger davon verstanden als ich, die keinen Überblick über das Ausmaß der Erkrankung hatten? Ich selbst wußte ja auch herzlich wenig davon. Ich wußte noch nicht einmal Fragen zu stellen.

Wenn sie ins Krankenzimmer kam, wies sie mich immer unfreundlich hinaus. Sie war nicht sicher genug, das Beobachtetwerden zu ertragen. Was mögen es sonst für Gründe gewesen sein? Durch das Fenster in der Tür konnte ich manchmal beobachten, wie sie die Infusion wechselte oder eine Spritze gab. Sachlich, gekonnt, tüchtig, erfahren. Warum durfte ich nicht dabei bleiben? Mir sind so viele Minuten der Gemeinsamkeit dadurch genommen worden.

Noch eine Erinnerung verbindet mich mit der tüchtigen Ärztin. Ich weiß nicht, wie ich zu dem Wissen komme, aber ich meine mich zu erinnern, sie habe N. gesagt, daß er in ein anderes Krankenhaus müsse. Diesen Schock hat N. nicht überwunden. Warum hat sie es gesagt? Warum konnte sie sich nicht in ihn einfühlen? Ich hatte mit dem Chefarzt verabredet, daß ich dabei sein wolle, wenn er N. über die Notwendigkeit einer Verlegung Mitteilung machen werde. Ich war in das Krankenhaus geeilt, es waren nur wenige Minuten nach dem Telefonanruf des Chefarztes vergangen, da empfing mich die tüchtige Ärztin: „Er ist nicht transportfähig", sein Blutdruck war auf 50 herabgesunken. Aber das sagte man mir nicht, das habe ich erst von dem Krankenblatt hinter seinem Bett erfahren. Auf den Schock der Mitteilung hin begann die letzte Phase des Sterbens.

Warum mußte sie ihm diesen Schock zumuten? Warum konnte sie ihn nicht mildern, indem sie abwartete, bis ich dabei war, bis ich mit ihm überlegen konnte?

Als ich sie, Monate nach N.s Tod, um die Überlassung des Arztberichtes bat, schickte sie mir ihn sofort zu. Für mein Geschenk bedankte sie sich freundlich und überrascht. In ihrem Brief fand sie tröstliche Worte.

Der Chefarzt

Er war mittelgroß, er wirkte auf eine nicht wiederzugebende Weise bescheiden und still. Er hatte dunkle Augen, schwarzgraues, krauses, festes, ganz kurz geschnittenes Haar. Ich habe ihn nie erregt gesehen. Er war von gleichbleibender, aber nicht oberflächlicher Freundlichkeit. Ein sympathischer Mann. Ich habe mir oft den Kopf darüber zerbrochen, wie dieser dem Anschein nach stille Mensch Chefarzt geworden war. Ich glaubte, daß zu einer solchen Stellung neben fachlichem Können und Verantwortungsbewußtsein auch eine große Durchsetzungskraft, ja vielleicht Ellenbogen notwendig sind. Ich weiß nicht, ob er diese Eigenschaften verbarg, mir sind sie auf jeden Fall während der vier Wochen nicht begegnet.

Der Chefarzt war der einzige, der mich bei einer ärztlichen Maßnahme nicht hinauswies. Er ertrug offensichtlich die Beobachtung durch mich, er wurde dadurch nicht verunsichert. Vielleicht wußte er auch, daß es für den Kranken besser war, auf mich während der Visite nicht verzichten zu müssen.

Er wußte, wie man mit Menschen wie N. umgeht. Er ahnte die Angst, die die ärztlichen Anordnungen auslösen mußten. Er erklärte die Maßnahme und verband sie mit einem positiven Hinweis, mit einer Hoffnung. Wie oft wird er sich wohl auf diese Weise einem Patienten zugewandt und ihm Mut gemacht haben?

N. mochte ihn sehr, den Chefarzt. Ich selbst würde mich bedenkenlos in seine Hand begeben, wenn eine Erkrankung es einmal so fügen würde. Am Abend vor N.s Tod teilte mir der Chefarzt mit, daß er in Ferien fahren würde. Er sei nur noch einen Tag da. Ich wollte N. mit dieser Nachricht nicht unnötig belasten. Ich wußte, daß ihn große Unruhe überfallen würde, sich von dem Chefarzt verabschieden zu müssen. Doch bevor der Chefarzt ging, war N. gestorben.

Was Ärzte angeht, bin ich verwöhnt. Ich muß es gestehen. Mein Vater gehörte dem Deutschen Städtetag an. Er arbeitete jahrzehntelang in der Deutschen Krankenhausgesellschaft mit. Er kannte, wie man so sagt, Gott und die Welt. Ich brauchte nur bei ihm anzurufen, an wen ich mich in dieser und jener Sache wenden könne. Und er nannte mir eine Kapazität in Deutschland, er vermittelte eine Unterredung; überall war ich als die Tochter meines Vaters willkommen gewesen. Nun war mein Vater tot. Es wurde einfach über N. verfügt. Er mußte ins Krankenhaus, ich konnte mir das Krankenhaus nicht mehr aussuchen. Ich dachte, ich kenne dort niemanden, wer wird gut nach ihm schauen, wer wird freundlich zu ihm sein, welche Ärzte werden dort sein? Ich kannte viele Ärzte, arrogante Ärzte, eingebildete Ärzte, hochmütige Ärzte, gescheite Ärzte, liebenswürdige Ärzte, menschliche Ärzte und tüchtige Ärzte. Ich hatte mein ganzes Leben lang mit Ärzten zu tun gehabt. Und hier stand ich plötzlich einer fremden Ärzteschaft gegenüber, ohne Empfehlung, ohne Voranmeldung. Ich fühlte mich ausgeliefert. Ich hatte Angst vor den Ärzten.

Ich tat ihnen unrecht. Was ich auf der Intensivstation gesehen habe, war tief beeindruckend. Es war gar nicht wichtig, wer N. war, ob reich oder arm, Privatpatient oder Kassenpatient, ob scheinbar unentbehrlich für seine Familie und die Gesellschaft oder nicht, ob sympathisch oder unsympathisch, ob freundlich oder unfreundlich, anmaßend oder bescheiden, mit oder ohne Empfehlung. Für alle wurde gleichermaßen gesorgt. Es waren unentwegt Ärzte da, Ärzte, die angestrengt arbeiteten, die ihre Nachtruhe opferten, die da waren, wenn man sie brauchte. Ihre Fürsorge galt jedem, ihre Geduld, ihr Wissen, ihr Können, ihre Tüchtigkeit, ihre Einsatzbereitschaft. Sie entschieden nicht über das Leben eines Menschen, ohne Abwägung eines Für und Wider setzten sie sich für ihn ein, kämpften sie um ihn, um sein Leben, um seine Atmung, um seinen Herzschlag. In den ersten Tagen, die N. auf der Intensivstation lag, sprachen wir beide immer wieder darüber. Das Ethos der Ärzte war bestechend, war faszinierend. Dieser Eindruck ist bis zuletzt geblieben.

Als ich vor vielen Jahren mit meinem sterbenden Kind ins Krankenhaus kam, beklagte sich der Notarzt bei mir, daß er in dieser Nacht keine Ruhe gefunden hätte. So etwas habe ich nicht mehr erlebt. Hier galt nur der Patient. Ich habe keinen Arzt in diesen vier Wochen je über sich selbst sprechen hören. Das ist ein hohes Ethos, dem diese Ärzte gehorchen, bewundernswert.

Gute Medizinen

Einmal, es mag in der dritten oder vierten Woche gewesen sein, traf ich den Chefarzt im Flur. Er entzog sich nie einem Gespräch, wie immer ging er von sich aus auf mich zu, was ich als besonders hilfreich erlebte. Er sprach kurz mit mir über das Befinden des Kranken, und ich sagte ihm, ich hätte sehr wohl bemerkt, was sie alles bei N. erreicht hätten. Ich wollte ihm damit sagen, daß ich nicht blind sei für das, was im Krankenhaus für N. geschah, daß ich nicht blind sei für die Tüchtigkeit der Ärzte, für ihr Wissen, für ihr Können, für ihre Einsatzbereitschaft. Ich meinte es persönlich. Viele Menschen hätten dieses Lob nur allzu gierig entgegengenommen. Der Chefarzt aber sagte: „Wir haben heute sehr gute Medizinen." Ich war von diesem Wort beeindruckt. Ich glaube, es war dem Chefarzt ernst. Es sind die Medizinen, die den Kranken über seinen Zustand hinweghelfen. Die Medizinen sind heute wirklich gut, sie vermögen einen Erstickungsanfall zu kupieren, sie vermögen mit einiger Sicherheit das Herzflimmern zu beruhigen, sie vermögen oftmals den Tod zu verhindern.

Gute Medizinen. Das ist etwas völlig Abstraktes, etwas, das durch Infusionsapparate zugefügt wird, in Dragees geschluckt wird, in Tropfen eingenommen wird. Die Vermittlung durch den Arzt ist eine Selbstverständlichkeit. Auch diese Einstellung kennzeichnet das neue Ethos vieler Ärzte.

Und dennoch wird ihre Macht und ihre Zauberkraft dadurch größer; wenn nicht eine große Selbstreflexion im Arzt vorhanden ist, muß er sich als derjenige vorkommen, der diese erstaunlichen Heilungen bewirkt. Ich glaube, bei dem Chefarzt war diese Selbsttäuschung nicht der Fall.

Der Pfleger

Als ich am ersten Morgen auf die Intensivstation kam, traf ich einen Krankenpfleger. Ein junger, freundlicher, lustiger Mensch, immer gut aufgelegt, vergnügt. Ich freute mich, wenn ich ihn traf. Aber ich weiß nicht, wie die Kranken auf ihn reagierten. Vielleicht erlebten sie ihn als leichtfertig, als jemanden, der ihre Schmerzen und ihre Not nicht verstand. Ich war einmal dabei, wie er an das Bett eines Kranken trat und ihn im übermütigsten Ton ansprach: „Haben Sie schon von Ihrem Glück gehört? Sie sollen einen Herzschrittmacher bekommen", und sich daranmachte, den überraschten und perplexen Kranken in den entsprechenden Behandlungsraum zu fahren. Was wissen die Kranken schon, was ein Herzkatheter ist? Vielleicht mögen sie einmal in einer Illustrierten davon gelesen haben. Für erfahrene Ärzte ist er seit dem Selbstversuch von Forßmann zu einer Alltäglichkeit geworden. Für den Kranken ist es eine unheimliche Erfahrung, zu merken, wie in den Blutgefäßen etwas vorgeschoben wird zum Herzen hin. Ich glaube nicht, daß man über diese Angst auf solche Weise hinweggehen kann. Dadurch wird die Angst überspielt, und der Patient fühlt sich alleingelassen, übertölpelt und verraten. Ich habe nicht gehört, daß ein Arzt ihn auf den Eingriff vorbereitet hat, ich habe nicht gehört, daß man ihm erklärt hat, daß der Eingriff ungefährlich ist. Ich habe nicht vernommen, daß man ihn warnte, er werde Angst empfinden. Er wurde einfach in seinem Bett weggeschoben.

Einmal war ich dabei, wie der Krankenpfleger einem Mitpatienten eine Spritze in die Fußvene gab. Der Kranke jammerte laut und stöhnte, man solle ihn doch endlich sterben lassen. Der Krankenpfleger ging leicht darüber hinweg: „Aber das kann doch nicht so weh getan haben." Ich glaube auch, daß es objektiv nicht so weh getan hat. Die meisten Kranken ertrugen diese Schmerzen geduldig und ohne Klage. Überhaupt war der Mitpatient hysterisch und wünschte sich unernst den Tod herbei. Dennoch: er war ein schwerkranker Mann, er hatte einen Herzschrittmacher und bedurfte eines freundlichen Wortes, wenn er über Schmerzen klagte. Der Krankenpfleger ging darüber hinweg. Er verbreitete in den Zimmern der Schwerstkranken oberflächliche Munterkeit.

Ich weiß nicht, wie viele Schwestern ich in dem Krankenhaus kennengelernt habe. Die meiste Zeit hatte ich mit den Schwestern auf der Intensivstation zu tun. Einige Schwestern mochte ich besonders gerne. Sie waren freundlich und hilfsbereit, andere waren zurückhaltender. Ich habe aber auf der Intensivstation nie eine Unfreundlichkeit von ihnen erlebt. Es waren lauter junge Schwestern. Sie kamen ins Zimmer, kontrollierten die Elektroden, stellten die Infusionen ein, maßen den Blutdruck, fühlten den Puls, machten Eintragungen in die Krankenblätter. Sie waren unentwegt da, hatten ununterbrochen zu tun. Es vergingen kaum zehn Minuten, daß nicht eine von ihnen ins Zimmer kam, um irgendeine Verrichtung zu erledigen.

Ich muß gestehen, ich hatte es immer gerne, wenn sie kamen. Ich hatte das Gefühl, daß N. gut betreut wurde, daß ihm nichts zustoßen könne, daß er gut überwacht werde, daß diese Schwestern nicht zuließen, daß irgend etwas übersehen werden könnte. N. dagegen litt sehr unter den Störungen.

Die Schwestern hatten es immer eilig. Ich habe nie ein persönliches Wort an sie zu richten gewagt. Ich habe nie ein persönliches Wort von ihnen gehört. N. erzählte einige Male, sich mit einer von ihnen unterhalten zu haben. Ich kann es mir nicht recht vorstellen.

Sie waren flink und tüchtig, sachlich und nüchtern, freundlich und gleichmäßig. So habe ich sie erlebt. Alle Verrichtungen gingen ihnen mit der Selbstverständlichkeit von der Hand wie einem jungen Arzt.

Ich sprach eine Schwester einmal daraufhin an. Sie sagte, sie hätte eine zweijährige Zusatzausbildung für den Dienst auf der Intensivstation hinter sich.

Am Tag, als N. starb, war eine Schwester von blendender Schönheit in der Intensivstation. Ich hatte sie bis dahin noch nie gesehen. Sie begleitete mit den Ärzten das Bett zur Notaufnahme, wo wir auf den Hubschrauber warteten. Was mag in dieser schönen Schwester vor sich gegangen sein? Was geht in einem jungen Menschen vor sich, der einen Kranken sterben sieht? Ein Kranker, der ihm nichts persönlich bedeutet, der ihm fremd ist und der ihm doch das Schicksal vorlebt, das auch ihm selbst beschieden ist: zu sterben?

Eine der Schwestern mochte ich besonders gern, an sie wandte ich mich, wenn ich für N. um etwas bitten mußte. Ich glaube, sie war es auch, die ich am Telefon erreichte und zu der ich sagte: „Teilen Sie bitte dem Chefarzt mit, daß N. vor einer Stunde gestorben ist." Sie sprach kein Wort der Anteilnahme, sie versicherte nur, daß sie meine Nachricht ausrichten werde. Aber es hat mir gut getan, ihre Stimme zu hören. Ich erinnere mich daran. Sie war voller Trauer, als ob es sie selbst etwas anginge, daß N. nicht mehr lebte. Das war das einzige Mitgefühl, dem ich die vier Wochen über in diesem Krankenhaus begegnet bin.

Krankengymnastik

Als es N. besser ging, erzählte er mir, daß die Krankengymnastin gekommen sei. Er teilte das nur als Tatsache mit. Ich bin ihr nie begegnet, ich weiß nicht, was für ein Mensch sie war, ich weiß nicht, wie oft sie gekommen ist. Aber es war eine gute Nachricht, N. wurde wieder auf das neue Leben vorbereitet. Er sollte wieder üben, seine Muskeln zu gebrauchen, seine Beine zu belasten. Ich freute mich darüber.

Ich fragte ihn: „War es anstrengend?" Er sagte: „Nein." Mehr weiß ich darüber nicht. Mehr habe ich über die Krankengymnastin nicht erfahren. Ich frage mich oft, wie N. die Arbeit mit der Krankengymnastin auf die Dauer erlebt hätte. Er war jeder körperlichen Anstrengung abhold, geschweige denn, daß er sich irgendeiner Anweisung gerne unterwarf. So sinnvoll und unentbehrlich die Krankengymnastik für die Genesung des Patienten ist, so stellt sie doch abermals einen weiteren Eingriff in seine eigene Verfügungsgewalt dar, einen Eingriff in sein Tun und Lassen, in sein Mögen und Wollen. Sie ist eine neue Anforderung an den Kranken, nicht an seine Selbständigkeit und Mündigkeit, sondern an seine Bereitschaft, gesund zu werden, der Fitneß-Vorstellung der Welt wieder zu entsprechen, neuen Belastungen gewachsen zu sein. Und wie ist das, wenn der Patient nicht mehr mag?

In dem Einzelzimmer, in dem N. in der letzten Woche untergebracht war, lagen die Krankenblätter nicht aus. Nur das Tagebuchblatt der Krankengymnastin fand sich auf einer Ablage. Mich interessierte die Diagnose, die daraufstand. Das erste Mal, daß sie mir so zu Gesicht kam: „Vorderwandinfarkt, Herzwandaneurysma." Ein Aneurysma, ich wußte, was das war. Das war mir zwar von den Ärzten nicht mitgeteilt worden; es bedeutet eine Ausbuchtung in der Herzwand, in die sich Blut ergossen hat, wahrscheinlich war das Aneurysma durch ein schabendes Geräusch am Herzen festzustellen. Es war mir völlig klar, daß das eine Erschwerung des Herzinfarktes war.

Warum aber mußte ich mir diese genauere Diagnose aus einem Blatt stehlen, anstatt daß man mit mir offen gesprochen hätte?

Hatte man Angst vor meinen Reaktionen? Hatte man Angst, daß ich den Kranken zu sehr belasten würde? Ich meine immer noch, daß die Wahrheit die bessere Hilfe gewesen wäre.

Der Bekannte

Ein fremder Arzt kam N. täglich besuchen. Er war der Bekannte von Frau H., auf einer anderen Station im gleichen Krankenhaus angestellt. N. schöpfte aus seinen Besuchen Hoffnung.

Mich hat er verwirrt durch seine Diagnose, es handle sich nur um einen leichten Herzinfarkt. Acht Tage vor N.s Tod verließ dieser Arzt das Krankenhaus. Er verabschiedete sich eigens von N. N. umklammerte seinen Arm mit beiden Händen und dankte ihm für alle Hilfe. Der Arzt war indigniert durch die Heftigkeit des Abschieds.

Wie blind muß dieser Arzt gewesen sein, daß er nicht gesehen hat, was mit N. vor sich ging. Er hatte falsche Diagnosen über ihn verbreitet, falsche Hoffnungen geschürt, die Vorbereitung unserer Familie auf den Tod wesentlich mit verhindert, und dennoch, N. fühlte sich bei ihm in treuen Händen, N. fühlte sich in seiner Einsamkeit ein wenig überwacht. Er glaubte auch, sich verstanden zu fühlen, dabei verstand dieser Arzt genausowenig wie alle anderen Ärzte.

Gespräche mit den Schwestern

Ich wäre gerne mit einigen Schwestern ins Gespräch gekommen, aber ich habe es nicht gewagt. Ich wäre mir zudringlich vorgekommen. Sie waren immer so geschäftig, sie hatten immer zu tun. Ich dachte, ich würde ihnen lästig fallen. Ab und zu erzählte N., daß er mit einer Schwester gesprochen habe. Von einer berichtete er sogar, daß sie mich kenne. Er war stolz darauf, daß sie mich von meinem Beruf her kannte. Ich habe die Schwestern nie nach ihrem Namen gefragt, obwohl ich ihn gerne gewußt hätte, weil ich es richtig finde, einen Menschen mit seinem Namen anzusprechen. Aber es waren so viele Schwestern auf der Intensivstation, die Kontakte waren so flüchtig, daß ich mir die Schwestern nicht einprägen konnte. Sie sahen in ihren weißen Kitteln alle gleich tüchtig, gleich geschäftig und unbeteiligt aus. Ab und zu bemerkte N. mir gegenüber, daß er schnippisch und abweisend behandelt worden sei. Ich selbst habe nur einmal eine Unfreundlichkeit erlebt.

Einmal aber habe ich gesehen, wie glücklich N. war, als eine bestimmte Schwester das Zimmer betrat. N. sagte: „Wenn Sie kommen, freue ich mich immer, Schwester.“ Es war dankbar und voller Zuneigung gesagt. Die Schwester wandte sich ihm so freundlich und so fürsorglich zu, mit einer fröhlichen, leichten und zarten Art, daß ich begriff, warum sich N. zu diesem Lob gedrängt fühlte. Er mußte dieser Schwester sagen, wie gut ihm ihr Wesen, ihr Anblick, ihre freundliche, fröhliche, unaufdringliche, hilfsbereite Art gefiel. Ich glaube, es war das einzige Mal, daß ich in diesen vier Wochen erlebt habe, wie N. sich schlichtweg über etwas gefreut hat. Die Schwester sah aus wie ein schwarzlockiger Engel. Es war fünf Tage vor N.s Tod.

Die Nachtschwestern

Es sieht so aus, als ob die Begegnung mit den Nachtschwestern besonders schwierig gewesen sei. Irgendwann, als N. zum zweiten Male auf der Intensivstation lag, hatte er ein Abführmittel genommen. Er verlangte dringend auf den Topf. Die Schwester kam, sie sagte: „Oh, es ist ja schon etwas daneben gegangen, warten Sie jetzt, bis wir Sie sowieso waschen.“ N. wartete eineinhalb Stunden, bis er morgens um 3 Uhr gewaschen wurde. Welch furchtbare Erniedrigung für einen Mann, der an peinliche Sauberkeit gewöhnt war.

Für die letzten Wochen schnitt sich diese Erfahrung, das Bett schmutzig gemacht zu haben, das Bett schmutzig machen zu können, so tief in ihm ein, daß er bis zuletzt damit nicht mehr fertig geworden ist. Ich glaube, diese Kleinigkeiten können die Selbstachtung eines Kranken völlig untergraben, seine Selbstsicherheit zerstören. Was mag sich die Nachtschwester gedacht haben, als sie sich so verhielt?

Den zweiten Vorfall berichtete mir N. am Donnerstag vor seinem Tod. In der Nacht war das Fieber gewichen, die Wadenwickel konnten entfernt werden. N. schlief erleichtert ein. Er wurde nach eineinhalb Stunden wach, in eisiger Kälte. Ein Eisbeutel war Stunden zuvor ausgelaufen. Das ganze Bett war durchnäßt. Die Schwester reagierte pikiert auf seine Klage und sagte: „Das hätten Sie mir ja schließlich auch früher sagen können, daß Ihr Bett naß ist."

Gegen jene kleinen spitzen Bemerkungen war N. von jeher hilflos gewesen. In der Hilflosigkeit seiner Lage waren sie ihm nur Zeichen weiterer Demütigung und Kränkung.

Diese Überlegungen sollen nichts Endgültiges aussagen. Es ist nur Zufall, daß ich von diesen beiden Vorfällen gehört habe, sonst hat mir N. über die Nachtschwestern nichts berichtet.

Der Krankenhauspfarrer

Einmal traf ich ihn an N.s Bett. Ein stiller, behutsamer Mann mit einem schlichten, offenen Gesicht, einer gesunden Bräune, freundlich. Er zog sich sofort zurück, als ich zu Besuch kam.

Der Krankenhauspfarrer kannte N. seit etwa 20 Jahren. N. freute sich, als er von ihm erkannt wurde. Es tat ihm gut, jemanden im Krankenhaus zu haben, der wußte, wer er war. Der Pfarrer besuchte ihn täglich. Einmal, als N. sich besser fühlte, sagte er: „Der Pfarrer war verreist, er war auf einem Dorf in Tirol. Du kannst dir nicht vorstellen, was für ein Heimweh ich nach diesem Dorf bekommen habe. Wenn ich wieder gesund bin, gehen wir zusammen dorthin." Es war eine der wenigen Bemerkungen, die N. in seiner Erkrankung spontan machte. Sein ganzes Heimweh sprach daraus.

Einmal sagte mir N., der Pfarrer werde ihm das Abendmahl bringen. Er freute sich.

Einen Monat nach seinem Tod bat ich den Pfarrer, ihn besuchen zu dürfen. Mein Eindruck verstärkte sich, ein stiller Mensch, der gelernt hatte, leise zu sprechen und auf den anderen hinzuhören. Er verhielt sich wie ein Psychotherapeut. Er wurde niemals zudringlich, niemals gewaltsam, niemals missionarisch.

Ich sagte ihm, ob ich fragen dürfe, was er mit N. diese vier Wochen über gesprochen habe. Er zögerte und sagte dann schließlich: „Ich glaube, ich darf Ihnen das wohl sagen. Es war gar nichts Besonderes. Es war jeden Tag dasselbe." Ich habe den Pfarrer gefragt, ob er mit N. gebetet habe. Er verneinte. Nein, N. habe immer gesagt: morgen, morgen ginge es ihm besser.

Und der Krankenhauspfarrer fügte hinzu, es sei auch zutreffend gewesen. N. habe sich immer schlecht gefühlt, er habe immer gemeint, morgen müsse es ihm besser gehen. Nein, auch das Abendmahl habe er ihm nicht gegeben. Ich fragte ihn, ob er mit N. über das Sterben gesprochen habe. Mir sei es nicht gelungen, mit ihm darüber zu sprechen. Auch diesmal verneinte der Pfarrer. Nein, auch er habe den Eindruck gehabt, es sei nicht möglich gewesen, und er habe den Kranken lassen wollen. Er hätte es überhaupt gelernt, den Kranken zu lassen, es sei schon recht so.

Der Pfarrer fragte, ob ich sehr traurig darüber sei. Ich schüttelte den Kopf. Ich hatte N. genauso erlebt wie er. Ich wußte nur etwas, was der Pfarrer nicht wissen konnte, weil ich es ihm ohne Tränen nicht zu erzählen vermochte. Ich wußte, was N. gesprochen hatte, als er acht Tage vor seinem Tod Abschied nahm. Das hatte vollauf genügt.

Der Pfarrer erzählte mir, in dem betreffenden Krankenhaus seien etwa 50 Ärzte. Er kenne sie alle, unter den fünfzig seien aber nur zwei, vielleicht drei, die mit ihm zusammenarbeiteten. Die anderen seien größtenteils feindselig gegen ihn eingestellt, vor allem die jüngeren Ärzte behandelten ihn oft wie einen fremden Besucher, dem kein Recht zustehe, sich auf einer Station aufzuhalten.

Der Krankenhauspfarrer fragte: „Wie kann man die Ärzte und die Schwestern dafür sensibilisieren, daß sie hellhörig werden für die Situation des Patienten, daß sie begreifen, was in seiner Seele vor sich geht?"

Er sagte: „Sollte ich einmal an Krebs erkranken, dann hoffe ich, stark genug zu sein, um ohne diese Ärzte sterben zu können. Ich möchte nicht in ein Krankenhaus, ich möchte in meinem Zimmer bleiben, ich möchte die Hilfe eines Arztes, der mir beisteht, um mit den Schmerzen fertig zu werden, aber ich möchte nicht dieser Organisation ausgeliefert sein."

Der behandelnde Arzt

Es war mir seit Jahren nicht gelungen, N. dazu zu bewegen, eine Kontrolluntersuchung bei einem Arzt vornehmen zu lassen. Er war seit mehreren Jahren nicht beim Arzt gewesen. Als er den Herzinfarkt erlitt, versprach er mir gleich am ersten Tag, er werde, wenn das alles überstanden sei, regelmäßig zum Arzt gehen. Ich solle ihn schon jetzt dort anmelden. Ich willfahrte seinem Wunsch und gab zugleich die Adresse dieses Arztes, der N. niemals gesehen hatte, an, daß ihm die Behandlungsberichte zugeschickt werden sollten.

Vier Monate nach N.s Tod ging ich zu diesem Arzt, um mir die Behandlungsberichte zur Einsicht zu erbitten. Der Arzt gab sie mir ungern zu lesen. Er sagte: „Vergessen Sie es, vergessen Sie es so schnell wie möglich." Ich sagte: „Diesen Rat können Sie mir nicht geben, wie soll ich mit meiner Trauer fertig werden, wenn ich vergesse, was geschehen ist?" Ich bat den Arzt inständig, er möge mir die Papiere überlassen. Aber dem Arzt war meine Bitte unangenehm. Ich fragte: „Sie können es Ihrer Kollegen wegen nicht?" „Nein", sagte er, „mir käme es schäbig vor."

Und genau dagegen protestiere ich. Ich protestiere dagegen, daß man einem denkenden Menschen, wenn er auch kein Arzt ist, die medizinische Beschreibung der Krankheit und des Sterbens vorenthält. Ich wollte den Bericht so gerne mit meinen eigenen Beobachtungen verknüpfen, ich wollte so gerne genau wissen, was mit N. geschehen war.

Ich meine, genau das wäre es, was einem mündigen Menschen nicht vorenthalten werden dürfte. Genau das ist es, was die Allmacht des Arztes ins Unerträgliche steigert, was ihn hindert, den Patienten oder dessen Angehörige ernst zu nehmen. Er entzieht sich jeder Rechenschaftslegung, er entzieht sich jeder Rechtfertigung, er entzieht sich sogar, den Bericht über Krankheit und Tod eines Menschen mit den Angehörigen durchzusprechen. Diese Entmündigung durch die Ärzte erlebe ich immer wieder als unerträglich, sie weckt Haß in mir, Mißtrauen und abermals das verzweifelte Bedürfnis, Ärztin zu sein, um Zugang zu diesen Geheimnissen zu haben, die keine Geheimnisse zu sein brauchten. Jeder verschlossene Brief, den ein Arzt mir an ein Röntgeninstitut oder einen Kollegen mitgibt, ist eine Entmündigung meiner selbst, und ich werde nicht aufhören, dagegen zu protestieren. Aber ich stoße auf Widerstand. Niemand versteht mich. Ich kann mich nicht verständlich machen. Sie wollen nicht hören, sie wollen meine Lage nicht verstehen. Sie sind von einer Naivität, die verboten ist, von einem Selbstbewußtsein, das sich aus dieser Geheimnistuerei aufbaut, von einer Exklusivität, die Haß herausfordert.

IV.
Die Pflege

Die Pflege

Die Pflege war schlechthin hervorragend. Alle paar Minuten geschah irgend etwas an dem Kranken. Fiebermessen, Blutdruck prüfen, Puls zählen, Infusionen kontrollieren, die Befestigung der EKG-Elektroden erneuern.

Die Schwestern waren für den Topf und die Urinflasche zuständig, für das Servieren der Mahlzeiten, das Vorbereiten der Medikamente, das Aufhängen der Infusionen und das Verabreichen der Inhalationsmasken. Sie legten die Kranken zurecht, stellten das Bett höher oder niedriger, nahmen die Decken weg oder brachten zusätzliche Decken herbei. Sie standen allen Wünschen und Bedürfnissen zur Verfügung. Sie machten nach eigener Entscheidung Einläufe, verabreichten leichte Abführmedizinen, sehr erschöpfte Patienten wurden von ihnen rasiert. Als die größte Verwöhnung empfand N., daß er zweimal am Tag von Kopf bis Fuß gewaschen wurde. Ein Sturmtrupp von Schwestern rückte mit einem großen Wäschewagen an. Dabeisein durfte ich nicht. Das galt als unschicklich. Ungefähr weiß ich, wie das Waschen vor sich ging. Der Kranke wurde auf die Seite gelegt, zur Hälfte gewaschen, mit Franzbranntwein abgerieben; dann wurde der Länge nach das Bettuch umgeschlagen und ein neues bis zur Hälfte über das Bett gelegt, dann drehte man den Kranken auf die andere Seite, wusch ihn fertig, nahm das schmutzige Bettuch weg und spannte das frische über die andere Hälfte. Etwa fünf Minuten dauerte der Vorgang, er wurde sachlich, freundlich, geschäftig, tüchtig und flink erledigt. N. freute sich jedesmal auf das Waschen. Ich wunderte mich, daß es möglich war, auch durch Technik und Organisation Wohlbehagen und Befriedigung zu vermitteln.

Das Schlafen

N. klagte darüber, daß er nicht schlafen könne. „Sie lassen mich nicht schlafen“, sagte er. Aber auch im Einzelzimmer fand er keine Ruhe. Der Schlaf erquickte ihn nicht mehr. Ich selbst habe ihn nur zweimal um diese Zeit schlafend gefunden. Er bat um Schlafmittel, doch glaube ich, daß ihm in seinem Zustand keine Schlafmittel gegeben werden durften. Gegen Ende zu fürchtete er die Träume, die ihn überfielen. Es war ihm nicht mehr vergönnt, sich getrost dem Schlaf zu überlassen.

Die Leiblichkeit

N. hatte oft über das Im-Leibe-Sein des Menschen nachgesonnen. Er wehrte sich gegen die griechische Unterscheidung von Leib und Seele und hielt sich an die Aussagen der Bibel. Er meinte, daß man den Tod nicht umschreiben könne mit einer Trennung von Leib und Seele. Er hatte über die Leibhaftigkeit der Liebe nachgedacht, über die Geschlechtlichkeit des Menschen, die sich nicht auf Körperlichkeit beschränkt.

Ich hatte in diesen Gedanken gelebt, und nun machte ich die Erfahrung, wie sehr die leibliche Bedürftigkeit überhandnahm, wie sehr sie das seelische Erleben prägte; die Unversehrtheit und Integrität des Leiblichen und damit des Seelischen war nicht mehr gewährleistet. Seelische und leibliche Bedürfnisse flossen in eins. Nicht die Seele, nicht der Leib litt. Er war es, N. selbst, N. ganz und gar, der alte, geliebte, vertraute und doch so unvertraute fremde Mensch. Das Geheimnis seines Daseins wurde noch wundersamer, noch rätselhafter, unverständlich, auf eine Weise ins Leibliche hin entworfen, die ich bis dahin nicht kannte, und auf eine unsägliche Weise in seelisches Leid gesteigert, von der ich keine Ahnung gehabt hatte. Als er tot war, war er ganz er selbst, nur nicht mehr für mich erreichbar. Ganz entrückt, unsäglich fern in seiner dichten Nähe.

Das Trinken

N. wurde geraten, soviel wie möglich zu trinken, mindestens zwei Liter am Tag. Die Nieren arbeiteten nicht befriedigend. Er könne im Krankenhaus alles erhalten, was er zu trinken wünsche. Auf der Intensivstation war aber fast kein Sprudel vorrätig, und wenn, nur lauwarm. Alle Kranken klagten darüber. Trotz seines Durstes war es N. unmöglich, das lauwarme Wasser zu trinken. Ich habe diese vier Wochen hindurch ihn ausschließlich selbst mit Getränken versorgt. Ich nahm täglich eine Isolierflasche mit Eiswürfeln von daheim mit. N. wurde allmählich allergisch gegen jedes süße Getränk. Er lehnte Obstsäfte ab, nicht einmal Zitrone und Pampelmuse wollte er haben. Eine Zeitlang genehmigte er einen leichten Fruchttee, eisgekühlt und ungesüßt, meistens wollte er jedoch nur klaren Sprudel ohne Geschmack. Aber selbst Sprudel konnte er nicht in der gewünschten Menge trinken.

Es war mir unverständlich, daß die Intensivstation nicht über genügend gekühlte Getränke, die einen Anreiz für die Patienten boten, verfügte. Aber ich glaube, es lag am Platzmangel. Die Getränke wurden am Wochenende nur einmal angeliefert und waren schon am Samstagabend ausgegeben, so daß die Kranken darauf angewiesen waren, von ihren Angehörigen im Laden etwas besorgt zu bekommen. Und die Patienten, die keinen Besuch erhielten?

Das Essen

Obwohl ich N. dreimal am Tag besuchte, habe ich ihn kaum je beim Essen gesehen. Meist fühlte er sich so schlecht, daß er nicht essen wollte. Er erwartete, von daheim verpflegt zu werden. Kleine, leichte Sachen, Puddings, gelegentlich ein Eis, gelegentlich Kompott. Das hätte er alles auch aus der Krankenhausküche bekommen können. Aber das Bitten darum war zu mühsam. Ich hatte den Eindruck, daß das Essen im Krankenhaus gut sei. Es wurden vier verschiedene Menüs angeboten. Der Speiseplan für eine ganze Woche hing in den Krankenzimmern außerhalb der Intensivstation aus. Des Abends gab es jedoch fast immer kaltes Essen, häufig mit Braten und gutem Aufschnitt.

Aber es sah ein wenig trocken aus, nicht so appetitanregend, wie es für N. notwendig gewesen wäre. Das Essen wurde adrett serviert, aber es fehlten jene Kleinigkeiten, die N. liebte, eine warme leichte Fleischspeise, ein Joghurt hinterher oder etwas Obst.

Der Topf

Der Kampf mit dem Topf war aussichtslos und ergebnislos. Bis zuletzt wurde N. von der panischen Vorstellung verfolgt, nicht zeitig genug auf den Topf gehoben zu werden, das Bett schmutzig zu machen wie ein Kind. Die Entwürdigung, jedes Mal eine Schwester bitten zu müssen, wenn er des Topfes bedurfte, eventuell in Anwesenheit einer Frau defäkieren zu müssen, tagelang vergeblich mit der Ausstoßung des Stuhlgangs zu kämpfen, immer wieder umsonst die Schwestern zu bemühen, belastete ihn schwer. Bis in seine Sterbestunde hinein dauerte der hoffnungslose Kampf um den Topf an. Es war eine bitterböse Komödie, bei der der Kranke von vorneherein der Unterlegene, der Entwürdigte und Geschmähte war.

Wir können uns nicht über die Tatsache hinwegtäuschen, daß der Stuhlgang etwas kulturell nicht Akzeptiertes, wenn auch im menschlichen Leben Unentbehrliches und Wichtiges ist, und zwar nicht nur im medizinischen oder biologischen Sinne, sondern auch im psychischen. Aber unsere Kultur ist so, daß wir alle viel zu früh auf Reinlichkeit dressiert worden sind, so daß jeder Lapsus in dieser Hinsicht für einen Erwachsenen von Beschämung umgeben ist. Alte Kinderproblematik taucht bei dem Kranken wieder auf.

Dem Kranken wurde jeden Abend ein Eßlöffel Agarol verabreicht. Ich habe nicht beobachtet, daß es N. einmal zu einer normalen Entleerung verholfen hätte. Wir versuchten es mit einem anderen Mittel, das dann zu einem so umwerfenden Erfolg wurde, daß er die Nachtschwester fünfmal in der Nacht bemühen mußte.

Auch das war nicht das rechte. Wir haben bis zuletzt keine Lösung für dieses Problem gefunden. Ich war immer dankbar und beruhigt, wenn eine freundliche Schwester sagte: „Jetzt helfen wir Ihrer Qual durch einen Einlauf ab.“ Dann wußte er wenigstens, daß für ein paar Stunden Ruhe war.

Ein Großteil von N.s Kraft verzehrte sich wochenlang in dem Kampf mit dem Topf. Ich bin mir nicht sicher, ob die Ärzte sich über die Bedeutung der Defäkation im klaren sind. Wahrscheinlich sind anale Vorgänge auch für sie – entgegen ihrer rationalen Einsicht – tabu.

Besonders beschämend war es für N., wenn eine Ärztin eine medizinische Handhabung an ihm vornahm, während er auf dem Topf saß. Die Ärztin sagte, ihr mache es nichts aus. Ich glaube das gern. Aber wie ist es möglich, daß ein Mensch so abstumpft, daß er die Beschämung des anderen nicht mehr nachfühlen kann.

Die Urinflasche

Um das Urinieren war es leichter bestellt. Ich bin mir zwar nicht sicher, ob es auch für die Frauen leichter war, weil sie ja immer eines Topfes bedurften. Die Männer konnten das mit größerer Selbstverständlichkeit erledigen. Sie waren dabei auch nicht immer auf die Hilfe der Schwestern angewiesen. N. fühlte sich oft zu schwach dazu, und seine erste Forderung an mich war fast jedesmal, daß ich ihm die Urinflasche geben und sie ihm anlegen solle. Er war ängstlich darauf bedacht, keine Spuren von Urin im Bett zu hinterlassen.

Da die Urinflaschen nicht regelmäßig geleert wurden, hingen sie stundenlang, wenn auch verschlossen, neben dem Bett des Kranken. Ich könnte mir vorstellen, daß es einem Kranken nicht angenehm ist, wenn sein Urin neben ihm aushängt.

Die Medikamente

Auf der Intensivstation hatte N. wenig Medikamente nehmen müssen. Die notwendigen Medizinen wurden ihm durch die Infusionen zugeführt. Als er aber auf dem Einzelzimmer lag, war er ein paar Tage ohne Infusionen; er hatte ein Schächtelchen auf dem Nachttisch, mit einem Plastikschieber versehen, eingeteilt in morgens, mittags, abends und nachts, in dem ihm am Morgen die Medikamente für den ganzen Tag gebracht wurden. Man konnte den Schieber so weit zurückschieben, daß nur die Medikamente für die jeweilige Tageszeit in die Hand fielen. N. war bis zuletzt imstande, die Medikamente zu schlucken. Ich glaube, in jeder Abteilung des Schächtelchens lagen etwa acht Medikamente. Die verschiedenfarbenen Dragees wirkten irgendwie gefährlich und unheimlich. Wofür mochten sie im einzelnen sein? Welcher Gefahr sollten sie begegnen? Welche Heilung sollten sie ermöglichen?

Einmal, an einem der letzten Abende, stellte ich fest, daß N. die Mittagsmedizin nicht genommen hatte. Wie war das möglich? Hatten die Schwestern die Einnahme der Medikamente nicht überwacht? Sie hatten offensichtlich nicht erkannt, wie erschöpft N. war.

Niemand hat je eine Bemerkung zu dem Vorfall gemacht.

Marcumar

Als N. zum zweiten Mal auf ein Einzelzimmer gelegt wurde, wurde über seinem Bett ein Schild befestigt: „Vorsicht: Marcumar, keine intramuskulären Spritzen geben." Dieses Schild wirkte auf mich zwiespältig. Zum einen erinnerte es mich an ein Schild „Vorsicht, bissiger Hund". Als ob N. etwas wäre, vor dem man gewarnt werden müßte. Zum anderen drängten sich mir die möglichen Situationen auf, in denen dieses Schild lebensrettend für N. werden könnte. Vor welchen Situationen sollte es N. schützen, vor welchen Erfahrungen? Was stand uns noch bevor? Was sollte uns noch begegnen? Was konnte passieren, daß Ärzte und Schwestern kämen, um ihn aus einer plötzlich auftretenden Gefahr herauszureißen? „Vorsicht: Marcumar." Eine seltsame Warnung.

Das Rasieren

Das Rasieren habe ich die ganze Zeit über als eine Katastrophe empfunden. Am 1. oder 2. Tag hatte ihn eine Schwester rasiert. Er sah gepflegt und gut aus. Ich brachte auf seinen Wunsch den eigenen Rasierapparat in das Krankenhaus. N. wünschte von mir rasiert zu werden. Er war zu müde, um es selbst zu tun. Ich mühte mich mit dem ungewohnten Gerät ab. Aber nie war er zufrieden mit dem, was ich vollbracht hatte. N. strengte die ungeschickte Prozedur an, er wurde ungeduldig. An manchen Tagen lehnte er das Rasieren ab, er war erschöpft, er war froh, wenn er das Notwendigste hinter sich gebracht hatte. Eigentlich konnte ich an der Länge seiner Stoppeln erkennen, wie er sich fühlte und wie lange es ihm schon nicht gut ging.

Als N. starb, war er tagelang nicht rasiert worden. Ich bat das Begräbnisinstitut darum, ihn zu rasieren, ich wollte nicht, daß die Kinder ihn mit diesem grauen Stoppelbart sehen sollten. Ich wußte ja noch nicht, daß wir ihn alle nicht mehr sehen würden.

Das Zähneputzen

Das Zähneputzen war N. allein überlassen, ohne den Beistand einer Schwester. Er bat mich ein-, zweimal am Tag, seine Zahnprothese zu reinigen. Er hatte von Kindheit an schlechte Zähne gehabt, wahrscheinlich infolge einer mangelhaften Ernährung in den ersten Lebensjahren. Er trug seit langem zwei Prothesen, die aber so gut eingepaßt waren, daß sie nicht störten oder auffielen. N. trug sie Tag und Nacht und pflegte sie sorgfältig. Eigentlich hatte ich nie etwas von seinen Prothesen bemerkt. Ich wußte nicht einmal, wie sie aussahen.

Noch am Tag vor seinem Tod, als ich ihn schon sterbend fand, hat er sich die Prothese säubern lassen und hat sie selbst wieder eingepaßt. Ich war ihm dankbar wegen dieser Korrektheit, aber zugleich hat er mir leid getan. Seine Hände waren geschwollen, das Einsetzen der Prothesen muß ihn angestrengt haben.

Das Wasserkissen

Wenige Tage vor seinem Tod empfing er mich mit den Worten: „Ich liege mich wund." Es war, als ob die Anforderungen durch das Wundliegen über seine Kraft hinausgingen. Was konnte man machen? Es gab ein Fell gegen das Wundliegen, aber auf der Station gab es nur ein einziges Fell, und das wurde von einem anderen Kranken gebraucht. Ich wußte, daß es eine elektrisch bewegte Matratze gab, die immer wieder die Belastung der Hautpartien wechselte, um dadurch das Wundliegen zu vermeiden. Eine solche Matratze war nicht vorhanden. Die Schwester aber meinte, das beste sei ein Wasserkissen. Man fühle sich damit zwar ein wenig wie auf dem hohen Meer, aber es würde ihm sicher helfen. Als ich das nächste Mal kam, lag N. auf einem Wasserkissen. Er hat keine Bemerkung mehr dazu gemacht.

Das Nägelschneiden

N. war genau 29 Tage krank. Irgendwann fiel mir auf, daß seine Nägel nicht sauber waren. Offensichtlich gehörte die Pflege der Nägel nicht zu der allgemeinen Pflege hinzu. Ich brachte ein Manikürbesteck mit, um ihm die Nägel zu reinigen und Hand- und Fußnägel zu schneiden. Erst in der dritten Woche ließ er es zu. Ich begann – ich weiß nicht aus welchem Grund – mit den Fußnägeln.

Offensichtlich ertrug N. das Hantieren an seinem Körper sehr schlecht. Nachdem die Fußnägel geschnitten waren, sagte er: „Die Fingernägel kannst du morgen machen." Zu diesem Morgen ist es nicht mehr gekommen. Er war zu angestrengt, er fühlte sich zu sehr belastet. Ihn störten die unbeschnittenen Nägel nicht.

Die Kompressen

Es war, als sich N.s Zustand zum dritten Mal verschlechterte. Uns war die Höhe des Fiebers verschwiegen worden. Dieses Verschweigen zwang N., seine Angst vor den Ärzten und Schwestern zu verbergen. Er wartete auf meinen Besuch von einem zum anderen Mal und verlangte, daß ich ihm kalte Kompressen auf die Stirn machen solle. Wie schlecht muß er sich gefühlt haben, wenn er danach verlangte, obwohl er sich vor den Ärzten und Schwestern schämte, mit einer Kompresse auf der Stirn dazuliegen. Ich wurde angehalten, jedes Mal die Kompresse wegzunehmen, wenn sich die Tür öffnete. Er versuchte, Haltung zu bewahren, weil er zu spüren glaubte, daß niemand bereit sei, seine Angst mitzutragen.

V.
Der Kranke

Die Rachegedanken

In der zweiten Woche seiner Erkrankung war N. stundenweise von bitteren Rachegedanken erfüllt. Er sagte: „Ich werde niemals mehr zur Arbeit gehen, ich werde niemals mehr das Haus betreten. Wenn ich gehe, werde ich einen Skandal machen." Die ganze Bitterkeit jahrelanger, jahrzehntelanger Nichtanerkennung brach aus ihm heraus. All das, was er bisher bändigen konnte, wurde frei. Er wurde überschwemmt von Haß, er war wehrlos gegen seine Rachegefühle, er teilte sie den Ärzten mit, er vertraute sich den Schwestern an.

Er hatte Anerkennung durch den Vater Staat gewollt, weil ihm die Anerkennung durch seinen eigenen Vater vorenthalten worden war. Eigentlich hatte er in seinem Leben viel Anerkennung gefunden. Aber jetzt schien es, als ob sie ihm nie genügt hätte.

Die Freunde

N. fragte in diesen Wochen oft nach seinen Freunden. Er sehnte sich nach ihrer Anteilnahme. Ich freute mich, ihm ihre Grüße bringen zu können.

Vor allem fragte er: „Was haben die Freiburger gesagt?" Die Freiburger, das waren die Freunde seiner Jugend. Sie waren nur wenige Jahre zusammen gewesen, als junger Student hatte er mit ihnen gearbeitet. Die gemeinsamen Jahre hatten sie alle geprägt, die Bedeutsamkeit jener Jahre war ihnen unverlierbar geworden.

Aber seit Jahren schon hatten wir keinen Kontakt mehr zu diesen Freunden. Ich fragte: „Soll ich ihnen schreiben?" N. bat nicht darum. Vielleicht war er zu müde, um eine Freundschaft neu zu knüpfen. Aber es hätte ihm sicher wohlgetan. Nun, da er tot ist, haben sie sich alle wieder gemeldet. Alle haben davon gesprochen, was er ihnen bedeutet hat, wie sehr sie heute noch aus den Erfahrungen mit ihm leben. Heute, 40 Jahre nach der Begegnung mit ihm.

Die Versöhnung

N. hatte Verlangen nach seinen Freunden, aber er wollte sie nicht sehen. Nachdem der Haß gegen seine Behörde mit blanker Wut aus ihm herausgebrochen war, fragte er einmal: „Was macht R.? Was hat er gesagt?" R. war unser Freund; wir hatten uns beide mit ihm überworfen. Es war eine Freundschaft, der wir nachtrauerten, aber es war uns nicht gelungen, den ersten Schritt auf R. zu zu tun. Jetzt sagte N.: „Schreib ihm, es ist an der Zeit, die Feindschaft zu beenden." Er fragte täglich danach, ob R. geantwortet habe. Dann kam ein Brief, voller Herzlichkeit und Freundlichkeit; es war einer der wenigen Briefe, die sich N. in seiner Krankheit vorlesen ließ. Danach war er beruhigt, er hatte nicht mehr das Bedürfnis, weiter nach R. zu fragen. Er war sich seiner Freundschaft gewiß.

N. sagte: „Aber D. und T., die melden sich nicht. Die verzeihen mir nicht." D. und T. waren Freunde und Verwandte aus der Kindheit. Ich meinte, vielleicht seien sie verreist, es sei ja Ferienzeit.

N. sollte recht behalten, sie haben nicht an seinem Tod Anteil genommen, sie haben nicht um ihn getrauert. Die Feindschaft dauert bis über das Grab hinaus.

Die Einladung

Er wollte die Freunde noch nicht sehen, er verschob ihr Kommen von einer halben Woche zur anderen. Er ließ sie vertrösten, er vertröstete sich selbst. Aber er spann täglich die Phantasie aus, daß er wieder zu Hause sei und alle Freunde zu ihm kämen. Er wollte noch einmal alle seine Freunde um sich sammeln. Er wollte sie einladen in sein großes, schönes Zimmer. Er wollte sie alle empfangen, sie alle begrüßen, mit allen noch einmal sprechen. Er wollte sie alle wiedersehen. Wie viele Namen hat er aufgezählt, nach wie vielen hatte er Verlangen. Er wollte ein großes Fest feiern, um sich noch einmal ihrer Freundschaft sicher zu fühlen, er wollte sie bei sich haben, er wollte sich ihnen nahefühlen; er wollte seinen besten Wein auftischen, den kostbaren Frankenwein im Bocksbeutel, mit dem wir seinen Geburtstag gefeiert hatten. Es sollte der Anfang einer erneuerten Freundschaft werden, die Wiederbegegnung mit all denen, die er liebhatte. Mir aber kam es so vor, als ob es der Traum vom Abschied wäre, von dem endgültigen Adieu an die Freunde. Aber er wußte diesen Traum nicht mehr zu deuten.

Der Engel des Herrn

In der zweiten Woche seiner Krankheit sprach N. mehrfach davon: „Der Engel des Herrn hat mich angerührt."

Wen der Engel des Herrn anrührt, der ist in sein Mark hinein erschüttert. Ich glaube, das war es, was N. ausdrücken wollte. Diese Krankheit hatte ihn bis in sein Innerstes berührt, sie hatte nach seinem Herzen gegriffen. Er hatte eine Erfahrung damit gemacht, der er bisher im Leben nicht begegnet war.

Der Engel des Herrn, das ist kein niedlicher Engelsknabe, der Wohlgefallen um sich verbreitet, sondern das ist eine Erfahrung in Macht und in Herrlichkeit, in Bedrängnis und Todesnähe. Nicht umsonst steht so oft im Kontext, wenn von ihm die Rede ist: „Fürchte dich nicht." Der Engel des Herrn ist etwas Furchtbares, etwas, das Furcht und Schrecken erregt, etwas, das die Nähe eines schrecklichen Gottes ankündigt.

Der Traum von Jerusalem

Eigentlich war es verwunderlich: neben den Rachegedanken hatte er wunderschöne lichte Träume. Er konnte mir davon erzählen. Es war ihm, er sei in Jerusalem. Es war nicht das himmlische Jerusalem, sondern das Jerusalem von heute, die Stadt, die er liebte, die Menschen, die ihm nahestanden. Er fühlte sich wohl dort, ebendort, wo seine Sehnsucht hinging, wohin wir seit vielen Jahren gemeinsam fahren wollten. Er selbst war mehrfach dort gewesen, unvergeßliche Erfahrungen, einmalige Begegnungen, die Landschaft heiliger Geschichte, dicht von Gotteserfahrung, jene Landschaft, von der ein Freund geschrieben hatte: „Mir kommen die Tränen in die Augen, wenn ich daran denke, daß ER hier gegangen ist.“ Die Landschaft im Galil, die N. liebte, weil Jesus sie geliebt hatte, Sinai, Tabor und Hermon, die Berge, da Gott nahe kam.

Einmal erzählte er, er wisse sehr wohl, daß er auf der Krankenstation sei, aber immer wieder käme es ihm, er sei in Jerusalem und mit ihm die Ärzte und die Schwestern und er sei gesund und es ginge ihm gut. Er fühle sich wohl. Sie alle seien dort zusammen.

Der einzige Trost

Irgendwann sagte N. einmal zu mir: „Du bist mein einziger Trost.“ Er hatte das noch nie gesagt, aber ich wußte, daß es so war. Eigentlich hatte er immer aus meiner Kraft gelebt, ich war immer die Starke und Belastbare von uns beiden gewesen. Ich hatte immer viel schneller als er meinen Mut und meine Tapferkeit wiedergefunden.

Aber es tat gut, daß er das einmal sagte, und ich entnahm dieser Bemerkung die Gewißheit, daß ich in seiner Krankheit richtig mit ihm umging, daß es für ihn tröstlich war, mit mir zusammen zu sein. Aber zugleich verstand ich auch, daß er des Trostes bedürftig war, daß er sich allein und verlassen fühlte. Er tat mir sehr leid.

Die Kinder

N. sagte, er müsse die Kinder einmal kommen lassen, aber im Augenblick noch nicht. Ich glaube, er meinte, vor ihnen tapfer sein zu müssen. Er erlebte die Bitte der Kinder, kommen zu dürfen, als Anforderung an sich.

Wir sprachen wenig in diesen vier Wochen, aber immer

wieder ergab sich ein kurzes Gespräch über die Kinder. Er erkundigte sich täglich nach ihnen. Ich glaube aber nicht, daß er um sie besorgt war. Die Kinder fragten oft nach dem Vater.

Mehrmals sagte N. wie verwundert: „Daß mich die Kinder so liebhaben." Ich habe oft über dieses Wort nachgedacht. Hatte er nicht gewußt, daß ihn die Kinder liebhatten? Gewiß, er überließ die Fürsorge für sie weitgehend mir. Aber er konnte mit ihnen sprechen, er war freundlich und geduldig, wenn auch auf eine distanzierte und rasch erschöpfbare Weise.

Einmal erzählte ich ihm, daß Thomas und sein großer, erwachsener Freund sich insgeheim über den Pudding hergemacht hätten. Ich sagte: „Sie haben ihn restlos aufgefressen." Da wollte N. auch Pudding haben; ich brachte ihm seitdem täglich frischen Pudding mit, er aß immer ein paar Löffel gierig davon, als ob er auf diese Weise etwas von meiner Liebe und Fürsorglichkeit in sich hineinnehmen könne.

Die Geschwister

N. fragte auch nach seinen Geschwistern. Obwohl der Kontakt zu seiner Familie nur locker war, so kümmerten sich doch einige seiner Geschwister besorgt um ihn, als er krank war. Sie hätten ihn gerne besucht, sie hätten ihm gerne Blumen geschickt. Sie erkundigten sich regelmäßig am Telefon, wie es ihm ging. Es freute N. zu hören, daß sie angerufen hatten. Und von seinem Schwager, der Arzt war, wollte er hören, was er als Mediziner zu seiner Erkrankung meinte. Er setzte Hoffnung auf ihn.

Unser Mittwoch

Die Schaukel vom Leben zum Tod war zum dritten Mal vorübergeschwungen. Zwei Tage zuvor war mir N. sterbend vorgekommen, jetzt hatte sich alles wieder beruhigt und normalisiert. Da sagte ich zu ihm: „Am meisten entbehre ich unseren Mittwoch." Er ging nicht mehr auf meine Bemerkung ein.

Unser Mittwoch, das war eine Einrichtung seit vielen Jahren. Wir hatten einen halben Tag für uns allein vorbehalten, frei vom

Beruf, frei von den Kindern, frei von Pflichten. Wir hatten Zeit füreinander, wir waren füreinander da, es blieb Zeit zum Wohlsein miteinander, zu Zärtlichkeiten, zu freundschaftlichem Gespräch, zum Hinhören auf den anderen.

Manch einem mag das wenig an Gemeinsamkeit dünken, für uns war es viel, sehr viel. Die Gemeinsamkeit, die an diesen Mittwochen gewachsen war, war in der Krankheit zur Selbstverständlichkeit geworden. Sie war tragfähig, auch für eine solche Erfahrung.

Die Ablehnung

Drei- oder viermal während seiner Erkrankung, als es N. sehr schlecht ging, verstand ich sein Verhalten so, als ob er wünschte, ich solle ihn verlassen. Ich versuchte, diese Ablehnung nicht persönlich zu nehmen. Sie war jedoch für mich schwer zu ertragen. Er hatte kaum einen Blick mehr für mich, kein Zeichen der Zuneigung, er erteilte nur kurze Befehle, äußerte Wünsche in forderndem Ton. Das waren Stunden, da ich das Gefühl hatte, daß jeder Kontakt zu ihm abgebrochen sei.

Eigentlich war diese Erfahrung die schwerste in seiner Pflege. Ich konnte ihn nicht erreichen, er war voll Ferne und Vorwurf.

Der Buchplan

Es war in der dritten Woche, in der Zeit einer fast stürmischen Besserung, als das Fieber plötzlich von einer Stunde zur anderen gewichen war, daß N. wieder für ein paar Tage der alte wurde. Voll von Plänen, voll von Initiative, voll von kritischem Verstand. Er las wieder die Zeitung und faßte wieder Mut: „Ich werde ein Buch schreiben, ich habe wieder Pläne, ich werde das schreiben müssen, was ich hier erfahren habe. Das Buch soll den Titel tragen ‚Mein Herzinfarkt'." Er erläuterte es noch genauer: „Es soll nicht heißen: ‚ein' Herzinfarkt, sondern es soll heißen ‚mein' Herzinfarkt. Es ist immer das jeweilig Meine, was mit mir passiert. Es ist einzigartig, und nur ich weiß, wie ich es erfahren habe."

Es ist nicht darum, daß ich dieses Buch schreibe, ich tue es nicht, um seinen Letzten Willen zu erfüllen, sondern ich tue es um meinetwillen, weil ich sonst ersticken würde an dem Entsetzen, das mich eh und je in jenen vier Wochen überfallen hat. Es ist meine Weise, wie ich das Geschehene bewältigen kann.

Die Mitpatienten

In der Intensivstation gab es kein Einzelzimmer. Man legte dort sogar einen Mann und eine Frau zusammen. Auf Schienen wurden dann Tücher als Sichtschutz dazwischen gezogen, eine ungewohnte und fremdartige Situation.

Ich kann mich nicht mehr erinnern, wer in den ersten paar Tagen das Zimmer mit N. geteilt hat. Vielleicht lag er auch allein. In der zweiten Woche lag ein freundlicher Zimmergenosse bei ihm, Herr T. Er redete lebhaft und mitteilsam. Ich merkte, daß es N. Mühe machte, auf seine freundlichen und gar nicht zudringlichen Reden zu antworten. Er erzählte, wie so viele Kranke, von dem, was ihm teuer war. Er sprach über seine Kinder und sein eigenes Haus. Auch N. konnte darüber nicht schweigen.

Herr T. war lebhaft, mit guter Gesichtsfarbe, im Bett halb aufgerichtet. N. dagegen lag flach, grau im Gesicht, fast nicht mehr in der Lage zu sprechen, nur noch im Flüsterton. Es tat mir immer weh, den optimistischen Herrn T. zu sehen, obwohl man ihm gut sein mußte. Er bekam täglich Besuch. Ich empfand ihn und seine Familie als so laut, so unbekümmert, so harmlos. Ich fragte mich, sehen sie denn nicht, daß da einer liegt, der sterben wird? Für Herrn T. war es ein Triumphzug, als er wieder auf die normale Station durfte. N. mußte bleiben.

Ich entsinne mich nicht an alle Mitpatienten, die in N.s Zimmer gelegen haben, aber an einen erinnere ich mich noch gut. Es war ein etwa fünfundsechzigjähriger, dunkelhaariger Mann, sonnengebräunt, von dem N. sagte, daß er schlechtweg unerträglich sei. Er gäbe vor den Schwestern mit seiner Nazi-Vergangenheit an, er sei SS-Mann gewesen und erzähle den Krankenschwestern über seine Frauenaffären im Krieg. N., der nach 1933 im Gefängnis gesessen hatte, empfand hilflosen Haß.

Ich kümmerte mich um die Mitpatienten. Ich gab ihnen zu lesen, brachte Eiswürfel mit, nahm ihnen Handgriffe ab, die sie selbst nicht verrichten konnten. Die Mitkranken waren immer bescheiden und nützten meine Hilfsbereitschaft nicht aus. Im Gegenteil, ich hatte Mühe, ihnen ein paar Bedürfnisse erfüllen zu können.

Später lag ein ganz alter Mann darin, dann eine sehr alte Frau. Sie alle wurden irgendeines Tages weggeschoben, ich weiß nicht wohin, ich habe sie nicht wiedergesehen. Meistens gab es nicht ein Abschiedswort zwischen den beiden Kranken. Sie alle waren zu krank, um sich dem anderen zuwenden zu können. Sie waren zu angestrengt, um die paar Meter bis zum Bett des anderen mit Worten zu überbrücken.

Die Lektüre

Man hatte als Lektüre einen leichten Kriminalroman empfohlen. Dieser Rat mag für manche Menschen richtig sein, für N. war dieser Vorschlag inakzeptabel. Mitten aus seinem Studium herausgerissen, aus seinen Arbeiten, aus seinen Manuskripten, war er noch viel zu sehr mit all dem beschäftigt, wofür er sich bisher engagiert hatte. Er bat schon in den ersten Stunden um eine Zeitung. Aber ich merkte bald, daß er nur Viertelstunden lang in der Lage war, eine Zeitung zu lesen. Eine andere Lektüre lehnte er im Augenblick ab.

Damals verschlechterte sich sein Zustand zusehends. Ich glaubte schon seinen Tod nahe.

In der dritten Woche teilte mir der Chefarzt befriedigt mit, daß N. wieder Zeitung läse. Als er nach drei Wochen in ein Einzelzimmer verlegt wurde und sich wohl fühlte, verlangte er nach anderer Lektüre. Meine Vorschläge wurden zurückgewiesen. Schließlich verlangte er nach Wilhelm Raabe und nach den Psalmen in der Buber-Übersetzung. Ich brachte ihm die Bücher. Er hat sie nicht mehr in die Hand genommen.

Blumen

Blumen waren auf der Intensivstation verboten. Sträuße, die geschickt wurden, gab man mir mit. Zeitweilig hatte ich zu Hause so viele Blumen, daß mich unwissende Besucher fragten, ob ich etwa Geburtstag gefeiert hätte. Ich liebe Blumen, aber damals waren sie mir zuwider. Sie forderten Pflege, sie forderten Aufmerksamkeit. Alles war mir zuviel. Manchmal verschenkte ich die Blumen weiter, weil ich sie nicht ertragen konnte.

Auch N. merkte ich an, daß er im Augenblick mit Blumen nicht allzu gut stand. Seine Freunde schickten Blumen um Blumen. Als er eine Woche lang in einem Einzelzimmer lag, hatte er viele Blumen um sich, aber ich glaube nicht, daß sein Auge auf ihnen verweilen konnte. Mir schien es, als ob sie zu viel Anregung böten, zu viel Farbe, zu viel Leben ausstrahlten.

Für einen Menschen, der am Sterben ist, sind Blumen zu viel. Er ist nur noch mit sich beschäftigt. Jede Ablenkung stellt eine Belastung dar.

Eine junge Frau ließ sich nicht abhalten, sie schickte einen wunderschönen Strauß von Alpenwiesenblumen, einen Strauß ohne Etikette, ohne Zuchtnachweis, ohne das Papier eines Blumengeschäftes. Einen selbstgepflückten Strauß voller Lebendigkeit, voller Vitalität, voller Farben, voller Originalität. Er wurde daheim abgegeben, als N. im Sterben lag. Er blühte noch an seinem Begräbnistag.

Die Telefonanrufe

Bei uns daheim stand das Telefon nicht still. Da waren die einen, die N. sprechen wollten, die noch nichts von seiner Erkrankung gehört hatten. Es war schwer, ihnen die Tatsache mitzuteilen. Wir standen immer in Gefahr, darüber die Fassung zu verlieren, weil die Fassungslosigkeit des Anrufers zu bestürzend war. Dann waren die Anrufe, die nichts mit N. und seiner Erkrankung zu tun hatten. Es war schwer, sich anderen Menschen zuzuwenden. Wir hatten mit uns selbst zu tun.

Und dann waren die zahllosen Anrufe, die sich nach N. erkundigen wollten. Sie waren tröstlich und quälend zugleich. Vier bis fünf Anrufe am Tag, das war noch erträglich. Die nahm ich selbst entgegen und gab Auskunft über N., über sein Befinden, über die Diagnose, soweit ich sie kannte. Manchmal aber wurden auch diese Anrufe zur Qual. Sie brachten keine Entlastung, sie brachten mit der Angst der Anrufer noch mehr Sorge und noch mehr Kummer ins Haus.

Ich weiß nicht, was ich raten soll. Hätte niemand angerufen, wäre ich verzweifelt. Aber auch so viele Anrufe waren mir nicht recht. Ich gewöhnte mir an, Buch darüber zu führen und N. davon zu berichten. Es war eine der wenigen Fragen, die er täglich stellte: „Was gibt es Neues?“ und er meinte damit, wer hat angerufen, wer hat nach ihm gefragt, wer hat seiner gedacht, wer ließ ihn in der Not nicht im Stich.

VI.
Entwürdigung

Der Titel

Dieses Kapitel behandelt Menschliches, allzu Menschliches. Wenn in einer Krankenhaussituation die Unmöglichkeit besteht, sich als der zu zeigen, der man ist, dann klammert sich der Mensch an die herzeigbaren Dinge.

Wir lebten in einem Land, in dem es selbstverständlich war, den anderen mit seinem Titel anzureden. N. besaß mehrere solcher Titel. Die Leute redeten ihn mit jenem Titel an, den sie selbst am meisten schätzten. N. war es so gewohnt. Wir alle kannten es nicht anders.

Der Titel war mühselig genug erworben. N. konnte während der Naziherrschaft keine Anstellung finden, er hatte sich mit Nachhilfestunden durchs Leben geschlagen. Seine Eltern waren infolge der Naziherrschaft arm. Er hatte viele Geschwister. Nein, der Titel war ihm wahrhaftig nicht geschenkt worden.

Und wie hatte er gearbeitet! Er hatte gewiß nicht gearbeitet, um den Titel zu erreichen, sondern weil er getrieben war, aus einem inneren Zwang, das zu denken und zu schreiben, was in ihm gedacht werden wollte, was in ihm zu Ende gedacht werden mußte.

Nun lag N. im Krankenhaus, war ein Niemand geworden, und der Titel wurde ihm vorenthalten. In dieser Situation war der Titel keine Äußerlichkeit, sondern die Bestätigung dessen, was er geschafft hatte, was er gedacht hatte, was er gelernt hatte, was er weitergegeben hatte. Alles dessen, was er selbst war.

Die Ärzte sprachen ihn durchweg mit seinem Titel an. Aber für die Pfleger, für die Krankenschwestern, für die medizinisch-technischen Assistentinnen war er nur der Herr N., einer unter vielen, ein x-beliebiger, nach dem man nicht weiter fragte, der nur mehr hinsichtlich seiner Bedürfnisse registriert und angeschaut wurde.

Manchmal erzählte mir N. davon, daß die Schwestern Fragen an ihn hätten. Er empfand sie als Lebenselixier im Krankenhaus. Ich habe aber immer den Verdacht gehabt, daß N. das Interesse der Schwestern überschätzte, weil er ihre Nichtachtung nicht ertragen konnte.

Der Arztbericht der Klinik, in der N. vier Wochen lag, führte noch seine Titel auf. Der Bericht aus dem Krankenhaus, in dem er starb, kannte seine Titel nicht mehr.

Der Kranke, die Ärzte und die Pfleger

Ich habe mich oft gefragt, wie N. von den Ärzten und Schwestern erlebt wurde. Was wußten sie von ihm, was bedeutete er ihnen, wie erlebten sie ihn? Hatten sie überhaupt eine Ahnung davon haben können, wer dieser Mann wirklich war?

Ich glaube nicht. Nichts schimmerte mehr durch von dem, was die Einzigartigkeit von N. ausgemacht hatte. N. war ein anderer geworden. Er litt; es kam mir wie ein anonymes Erleiden vor. Er beschwerte sich nicht, er entzog sich keiner medizinischen Anordnung, keinem medizinischen Eingriff.

Gewisse Dinge nahm N. sehr wichtig in seiner Krankheit. Urinieren und Defäkieren spielten eine große Rolle. Zwar klagten auch seine Mitpatienten über die Belastung, nicht die Toilette aufsuchen und mit sich allein sein zu können. Aber daß die Welt des Analen einen so großen Raum einnahm, kannte ich nicht bei ihm. Ich hatte das Gefühl, daß hier eine Zensurinstanz gefallen sei. Er erzählte auch dem Krankenhauspfarrer von seinen Schwierigkeiten.

Vielleicht ist das, was ich an N. beobachtete, typisch für einen Schwerkranken, vielleicht sind solche Zeichen den Ärzten und Schwestern vertraut. Ich aber frage mich, kann man einen Menschen liebgewinnen, kann man ihn achten und respektieren, wenn seine Äußerungen reduziert sind in einem ungeheuerlichen Maß von der einstigen Differenziertheit auf physische Vorgänge, auf das Wohlbefinden, auf die Schlaflosigkeit, auf die Angst?

Ich glaube, die Ärzte haben es sehr schwer. Es mag sein, daß die Begegnung mit einem Patienten, der über seine gesunden Kräfte verfügt, mag er auch schwer krank sein, anders verläuft. Aber sie werden sicher oft einem Kranken begegnen wie N., tapfer im Leiden, aber eingeschränkt im Aufnahmevermögen, beengt in der Begegnungsfähigkeit, gestört in seiner Differenziertheit und Geistigkeit.

Was mögen sie wohl über ihn gedacht haben? Was mag er ihnen bedeutet haben? Arbeit, Mühsal, eine besondere Anforderung und Konzentration? War überhaupt je ein persönliches Wort möglich? Ich weiß, daß N. sehr danach hungerte. Eine wirkliche Begegnung war nicht möglich. Was mögen sie von ihm gedacht haben? Was war noch Liebenswertes an ihm, wenn nicht das, was ich immer wieder durch seine neue Tapferkeit hindurchschimmern spürte, den altvertrauten Menschen, der aber gewiß von Fremden nicht wahrgenommen werden konnte?

Wie ist es einem Arzt und wie ist es den Pflegern in einer solchen Situation möglich, durch die Krankheit des Kranken hindurchzuschauen und ihn zu erkennen, wer er wirklich ist? Ich habe keine Antwort auf diese Frage.

Moderne Folterknechte

Ich kann mich des Bildes nicht erwehren, obwohl ich weiß, daß es falsch ist, daß es verzerrt, daß es karikiert, daß es Sinn in Unsinn verkehrt, aber rückschauend kommen mir die Ärzte immer wieder wie moderne Folterknechte vor. Wie jene, die die Macht haben zu quälen, und der Gequälte versteht den Sinn seiner Schmerzen nicht, versteht den Sinn der ärztlichen Maßnahmen nicht, er fühlt sich ausgeliefert, ohne Hilfe, ohne Beistand, ohne die Möglichkeit zu protestieren, ohne die Freiheit abzulehnen, ohne das Recht auf Entscheidung, ohne den Anspruch auf Unterrichtung, selbst der Möglichkeit zu schreien und zu weinen und sich zu wehren benommen. Denn das verbietet ihm seine Würde.

Mit dem Verstand weiß ich, daß N. in einem besonders guten Krankenhaus gelegen hat, daß er besonders tüchtige und bemühte, ja sogar liebenswerte Ärzte gefunden hatte, und trotzdem kann ich mich des Bildes nicht erwehren. Ich habe Angst vor meinem eigenen Tod.

Das Verhältnis zu den Ärzten

In dieser dritten Woche sagte N.: „Es ist kein Dialog zwischen dem Arzt und dem Patienten. Man ist nur Objekt. Dieses Ausgeliefert-Sein, die Unterwerfung, die Entwürdigung, die entsetzliche Quälerei."

Wie schwer muß diese Erfahrung für ihn gewesen sein, dessen Beruf und Berufung Menschlichkeit war, sich Zuwendung von den Ärzten gefallen lassen zu müssen, sie annehmen zu müssen, ohne das Empfinden, wirklich angenommen zu sein.

Die Hinausweisung

Wenn ein Arzt in das Zimmer trat, rief N. mit fremder und lauter Stimme: „Meine Frau verläßt sofort den Raum." Ich war erstaunt darüber. Ich hatte das Gefühl, als ob N. sich mit den Ärzten verbündete, sich ganz ihrer Macht unterworfen hätte und mich von dem Geschehen im Krankenhaus ausschließen wollte. Ich hatte ihn falsch verstanden. Einmal machte er eine kurze Bemerkung dazu. Er sagte: „Ich ertrage es nicht, wenn sie dich hinausweisen." Also wies er mich selbst hinaus. Wahrscheinlich empfand er den Verlust, mich eine Weile nicht zu sehen, so stark und die Allmacht der Ärzte derart unerträglich, daß er sie nur ertragen konnte, wenn ihre Allmacht von seinem Willen akzeptiert wurde. „Meine Frau verläßt sofort das Zimmer."

Haltung annehmen

Ich hatte oft das Gefühl, daß es N. schlecht ging, aber wenn ein Arzt ihm Fragen nach seinem Wohlbefinden stellte, antwortete er jedesmal mit einem klaren und deutlichen: „Es geht gut. Nein, ich habe keine Schmerzen." Ich bemerkte, daß N. jedesmal, wenn ein Arzt in das Zimmer trat, Haltung annahm. Er kam mir vor wie einer, der die Hände an die Hosennaht legt und eine Meldung hinausschmettert.

Dieses Verhalten war das untypischste, was ich jemals an N. bemerkt habe. N. war so unmilitärisch wie nur irgend möglich.

Im Krankenhaus zeigte er eine Tapferkeit, wie ich sie bei ihm nicht für möglich gehalten hätte. Er klagte nicht, er heischte nicht nach Mitleid, es kam mir so vor, als ob die eingeengten Gehirnfunktionen wenigstens dies eine noch fertigbrachten und er daran seine eigene Würde fand, tapfer zu bleiben.

Das Bedürfnis nach Anerkennung

Welcher Mensch ist nicht bedürftig nach Anerkennung, nach Erkanntwerden, nach Angenommen-Sein? N. war dies in ganz besonderem Maße. Seine Bedürftigkeit erklärt sich gewiß aus den Erfahrungen der frühen Kindheit und Jugend. Hergeschenkt von der Mutter im Säuglingsalter an die Großmutter, nie verstanden in dem Ausmaß seiner Begabung, schon in den Entwicklungsjahren verfolgt, von der Kirche, die in der Jugendbewegung nur disziplingefährdende Umtriebe, anstatt die Erneuerung des Glaubens sah. Verfolgt von dem Naziregime, später nie öffentlich anerkannt, wenn auch von vielen Menschen verehrt, ja bewundert. Nein, satt geworden war er nie an Anerkennung; und hier im Krankenhaus, was galt da von ihm, was ihm hätte Anerkennung verschaffen können? Seine Erkrankung sicherte ihm die Aufmerksamkeit der Ärzte, seine Gefährdung ihre Fürsorge, seine Anwesenheit forderte die Pflege der Schwestern heraus, aber das alles geschah nicht um seinetwillen, es geschah um seiner Krankheit willen, um seines Lebens willen, aber nicht, weil er der war, der er zu sein glaubte, als der er so sehr nach Anerkennung verlangte. Eigentlich war er im Krankenhaus nichts als ein armer Teufel.

Heimweh

N. klagte so wenig. Ich kann es jetzt noch nicht fassen, daß dieser sensible, eigenwillige, kränkbare Mensch in seinem Sterben so wenig Klagen fand. Er sagte von sich selbst immer wieder, daß er nicht schwermütig sei, er sei auch nicht traurig, aber er habe Heimweh.

Heimweh. Das konnte ich gut verstehen. Das Heim hatte uns

beiden etwas Besonderes in unserem Leben bedeutet. Wir hatten immer gespart und gespart, um uns ein eigenes Heim leisten zu können, ein Heim, in dem wir frei unser Leben leben konnten. Wir bauten ein Haus und erweiterten es Jahrfünft um Jahrfünft. Wir bauten ein großes, ein riesengroßes Zimmer für N.

Er ertrug den kleinen Raum des Anfangs nicht mehr. Seine Welt war größer geworden, seine Kraft kraftvoller. Wir richteten den Raum ein, mit Wandschränken und Bücherregalen, 80 m Bücherregal. In diesen 5 Jahren hatten sich im Handumdrehen die Regale gefüllt, alles, wonach sein Herz begehrte, hatte N. sich gekauft. Bücher, Bücher, immer nur Bücher. Ich hatte die gleiche Vorliebe, es geschah nicht gegen meinen Wunsch, daß unser ganzes Geld in die Bauten und in die Bücher hineinfloß. Er kaufte theologische Werke, philosophische Werke, psychologische Werke, historische Werke, politische Werke. Er kaufte den Talmud, er hatte zahllose Ausgaben der Heiligen Schrift, er besaß die Kirchenväter, die Bücher der Weltreligionen, die Werke der großen Philosophen.

Unter den Beileidsbriefen, die ich nach N.s Tod empfing, waren mehrere Angebote von Antiquariaten, die Bibliothek zu übernehmen. Wenn mich etwas gekränkt hat, so haben mich diese Angebote gekränkt, obwohl sie sicher für viele hilfreich und vernünftig sind. Aber ich, ich will die Bücher von N. weiterhin besitzen, vielleicht möchte ich hie und da seinen Freunden eine Freude damit machen, aber sie sollen weiterhin in seinem Zimmer stehen, sie sollen den Kindern zur Verfügung stehen. Vielleicht wird doch eines von ihnen Interesse daran haben, an den theologischen Werken, an den philosophischen, an den psychologischen, an den politischen, an den historischen, vielleicht auch am Talmud.

In der Enge seines Krankenzimmers hatte N. Heimweh nach diesem Raum, nach der Größe und Weite, nach der Helligkeit, nach der Geborgenheit, nach der Einsamkeit und Stille.

Beobachtungen

Einmal wurde ich, ich weiß nicht aus welchem Grund, nicht auf die Intensivstation gelassen. Man bat mich, eine Weile draußen Platz zu nehmen. Ich saß an dem Tisch und beobachtete die Tür zur Intensivstation, ob sie sich bald für mich öffnen werde. Ich wartete. Fremde kamen zur Intensivstation, um einen Kranken zu besuchen, ich sehe nur den Chefarzt in der Türe stehen, den Angehörigen den Eintritt verwehrend. Ich hörte, wie er sagte: „Was wollen Sie denn, er ist doch bewußtlos."

Heute geht mir dieses Wort oft durch den Sinn. Kann man Angehörigen den Zutritt verwehren, weil der Verwandte bewußtlos ist? Das, meine ich, gehört zu jenen Unmenschlichkeiten des Krankenhauses, gegen die ich protestiere. Ist es denn nicht gerade die Aufgabe eines nahen Verwandten, bei einem Sterbenden, mag er auch bewußtlos sein, zu bleiben und ihm beizustehen? Als ob ein Mensch, der bewußtlos sei, nicht unserer Nähe bedürfe. Sollen wir einen Menschen allein lassen, weil er bewußtlos ist? Was wissen wir, was in einem Bewußtlosen vor sich geht?

Demütigung

N. hat sich nur selten dazu geäußert, wie er seine Situation im Krankenhaus erlebte. Eigentlich hat er nur einmal mehrere Sätze darüber gesprochen. Da sagte er unter anderem: „Diese unentwegte Demütigung, diese andauernde Entwürdigung."

Was erlebte N. als Demütigung? Ich glaube, er meinte damit die Erbärmlichkeit seiner Situation, die ganze Bedürftigkeit seiner Existenz im Leibe, die vor anderen Augen ausgebreitet war, das Bitten um den Topf, das Bitten um die Urinflasche, das Bitten um einen Einlauf, die Angst, das Bett zu beschmutzen, die Angst, nicht angehört zu werden, das ungeliebte Miteinander mit fremden Menschen, mit anderen Patienten, das Niemand-mehr-Sein.

Die Entwürdigung

Was hat N. damit gemeint, als er sagte: „Diese ständige Entwürdigung?" Was hat er damit sagen wollen? Wahrscheinlich erleben sich viele in ihrer Würde als unantastbar. Und eben diese Unantastbarkeit ist im Krankenhaus beseitigt. Der Kranke ist Gegenstand von Hantierungen und Manipulationen, er ist Objekt ärztlichen Handelns, vielleicht sogar medizinischen Interesses. Aber er steht in der Gefahr, seinen Status als einzigartiger, unveräußerlicher Mensch zu verlieren.

N. versuchte verzweifelt, Kontakt zu den Ärzten zu gewinnen. In der dritten Woche sagte er: „Heute habe ich die tüchtige Ärztin zum ersten Mal menschlich erreicht."

Ich glaube, daß ein solcher Versuch des Patienten den Ärzten nicht willkommen ist. Ich denke, daß sie sich vor ihm schützen müssen, sich abschirmen müssen, vielleicht um nicht von Mitleid und nicht von Angst vor dem eigenen Tod überwältigt zu werden; nur keine persönlichen Bindungen, keine persönlichen Gefühle. Sachlichkeit ist gefordert. Und die Würde des Patienten zerschleißt sich daran, sie wird dünn und brüchig, sie findet kein Echo mehr, kein Gegenüber, keinen Widerhall, keine Antwort.

Einbruch in die Intimsphäre

N. sagte: „Der größte Einbruch in die Intimsphäre ist das Nicht-schlafen-Lassen." Er sagte das mit einem gequälten Gesichtsausdruck.

Teils fühlte er sich gequält von unaussprechlichen Ängsten, teils fühlte er sich in seinem Schlafenkönnen gestört durch die ständigen medizinischen Maßnahmen, durch die er wieder geweckt wurde. Es gelang ihm nicht, sie einfach hinzunehmen. Niemand von uns ist gewohnt, etwas im Schlaf mit sich vornehmen zu lassen, einfach etwas geschehen zu lassen ohne Reaktion darauf, ohne Kontakt mit dem, der sich ihm zuwendet, ohne Bereitschaft, es dem anderen leichter zu machen. Nein, das kann niemand von uns.

Die Enge der Welt

N. sagte: „Die Welt ist so eng geworden, das ist furchtbar." Die Welt war völlig geschlossen für ihn, sie bestand nur aus einem Krankenzimmer mit weißen Wänden, mit technischen Apparaten, mit Schwestern, die hereinhuschten und ihre Verrichtungen vornahmen, mit Ärzten, die auf ihn zugingen, ihn anfaßten, mit ihm sprachen, ohne ihn zu erreichen. Er sagte: „Wenn du bei mir warst, habe ich das Gefühl, mit dir in der weiten Welt gewesen zu sein." Er sagte: „Du hast mir das Leben gerettet." Ich hatte ihm das Leben nicht gerettet, es war ihm geschenkt worden. Aber ich verstand sehr wohl, daß ich ihm die Welt an sein Krankenbett brachte. Ich war die einzige Vermittlung, die er zuließ. Er verlangte weiterhin nach den Freunden, wollte sie aber nicht sehen, fühlte sich nicht fähig, die Begegnung mit ihnen zu ertragen. Er sagte: „Ich fühle mich so gefesselt, das macht mich so unruhig." Zwar meinte er, er sei nicht bitter darüber, daß er gefesselt sei, aber er klammerte sich an mich, als ob ich ihm Freiheit bringen könne.

Kein Freiheitsraum

Überhaupt litt er darunter, keine Entscheidungsmöglichkeit zu haben. Nein, ein Freiheitsraum wird den Kranken nicht gelassen. Ich habe mir sagen lassen, daß nicht einmal ihr fester Wille, auf weitere medizinische Maßnahmen zu verzichten, respektiert werde.

Der Kranke kann nicht sagen: „Ich möchte schlafen, ich möchte jetzt nicht gewaschen werden, bitte kommen Sie in drei Stunden, ich brauche meinen Schlaf, ich fühle mich zu erschöpft. Jetzt habe ich gerade fünf Minuten Schlaf gewonnen, und nun reißen Sie mich wieder heraus."

Es wird immer wieder damit argumentiert, daß die Organisation einer Krankenstation das frühe Wecken der Kranken notwendig mache. Ich weiß kein Argument dagegen, ich durchschaue diese Notwendigkeit nicht. Mag sie auch notwendig und unvermeidlich sein, so muß man sich wenigstens bewußt sein, daß diese Maßnahme eine furchtbare Beschneidung der Freiheit des Kranken bedeutet.

Wir sind dazu übergegangen, unsere kleinen Neugeborenen und Säuglinge nicht nach einem vorgeschriebenen Stundenplan zu versorgen, sondern nach ihrem Bedürfnis. Ist es nicht selbstverständlich, daß ein Erwachsener ebenso darunter leiden muß, wenn er sich seine Zeit nicht frei einteilen kann, sondern sich in allem zu fügen hat?

Es wundert mich nicht, daß sich die Verwirrtheit von N. ganz besonders auf die Zeit bezog. Die Zeit ist eine besondere Weise unserer Existenz, in der sich sehr viel von unserem Eigenen ausdrückt. Daß N. gerade in dieser Bezogenheit so verwirrt wurde, liegt sicher auch daran, daß ihm dieser Freiheitsraum am deutlichsten beschnitten wurde.

Keine Entscheidungsmöglichkeit

Faktisch bleibt den Kranken keine Entscheidungsmöglichkeit. Gewiß, sie werden vor einer Operation um ihre Einwilligung gefragt. Aber bei den kleinen alltäglichen Maßnahmen der Pflege und der medizinischen Eingriffe, wie da sind Spritzen, Infusionen und ähnliches mehr, wird über den Kranken einfachhin verfügt. Man hält es auch nur selten für nötig, ihm den Sinn irgendeiner Maßnahme zu erklären, sein inneres Einverständnis zu gewinnen durch die Einsicht, die man ihm gewährt in die Vernünftigkeit der Maßnahme.

Es wird ja ununterbrochen etwas mit dem Schwerkranken vorgenommen. An die Infusionen mag er sich gewöhnen, deren Notwendigkeit sieht er wahrscheinlich auch ohne Erklärung ein. Auch die Notwendigkeit der Sauerstoffzufuhr ist für die meisten Menschen einsichtig. Aber die täglichen Röntgenaufnahmen und die Messungen, das Anlegen des Katheters, zusätzliche Spritzen werden von Ärzten und Pflegern durchweg selbstverständlich und ohne große Erklärung vorgenommen. So weit ich beobachten konnte, verhielt sich der Chefarzt anders. Er versuchte, sich ihm verständlich zu machen. Die meisten jüngeren Ärzte dagegen verfügten einfach über den Kranken.

Die Wadenwickel

N. war, nach 20 Tagen auf der Intensivstation, zum zweiten Mal in ein Einzelzimmer verlegt worden. Er war glücklich. Aber einen Tag später bekam er wieder Fieber. Er war in heller Aufregung, die Schwester weigerte sich, ihm Wadenwickel zu machen. Die Schwester hatte seine Angst nicht gesehen, sie hatte seine Verzweiflung nicht bemerkt.

N. bat mich, den Arzt zu rufen. Ich wandte mich an die Schwester. Ich bat, den Stationsarzt zu sprechen. Der Stationsarzt sei nicht zu sprechen, erhielt ich schnippisch zur Antwort. Ich wurde energisch. Der Arzt kam, ein freundlicher, hilfsbereiter Mensch. Er wandte sich aufmerksam N. zu, sagte, es bedürfe keiner Wadenwickel. Die geringe Temperatur mache nichts aus.

Wie war es möglich, daß sie seine Angst nicht sahen? Die Schwester verhielt sich, als ob sie vor einem Kranken stünde, der sich hysterisch aufführt. Wahrscheinlich spürte N., daß er auf eine furchtbare Gefahr zuging. Niemand hat es gesehen, niemand hat seine Angst ernst genommen, niemand hat versucht, auf diese Angst einzugehen. Niemand hat gesagt, wir werden schon Mittel finden, um das aufkommende Fieber in den Griff zu bekommen.

Das Fieber

Dabei nahmen sie die Erkrankung von N. durchaus ernst. Es war am letzten Donnerstag. Ich begegnete dem Chefarzt auf dem Gang. Er war gerade erst auf die Station gekommen. Er sah die Stationsschwester und fragte sie: „Wie hoch ist das Fieber?" Sie sagte: „38,8." Er war befriedigt und betrat das Zimmer von N. Ich staunte. N. war gemeint. Die Fürsorge der ganzen Station galt im Augenblick diesem schwerkranken Menschen. Es war nicht notwendig, ihn beim Namen zu nennen, es war völlig klar, wen die Frage des Chefarztes meinte. Ich brauchte eine Weile, um mir klar zu machen, was in mir vor sich ging. Ich fühlte mich behütet. Man nahm meine Sorge ernst, man nahm sie nicht auf die leichte Schulter, man hatte begriffen, wie schwer krank N. war. Man sorgte sich um ihn; ohne daß ich es wußte, dachte man an ihn, überlegte, was für ihn zu tun sei.

Das Nicht-ernst-Nehmen

N. erfuhr sich in dieser Erkrankung als äußerst gefährdet; meine eigenen Beobachtungen sagten mir, daß er am Sterben war; aber seine Angst und meine Fragen wurden nicht ernst genommen.

Nicht als ob man nicht überaus höflich und freundlich auf uns eingegangen wäre, aber die unausgesprochene Angst ist nie angesprochen worden, das Empfinden, das Gefühl ist immer bagatellisiert worden. Ich glaube, die Ärzte haben nicht einmal verstanden, daß meine Beobachtung mit ihren täglichen Aufzeichnungen differierte. Für sie galt nur das, was die Apparate ihnen vermittelten, während ich spürte, aber nicht belegen konnte, was für Veränderungen mit N. vor sich gegangen waren. Wenn ich es aber schon spürte, wie sehr muß N. es selbst erlebt haben. Niemand sprach ihn daraufhin an. Ich selbst war zu unerfahren, um es zu tun, erst in der nachträglichen Auseinandersetzung mit seinem Sterben ist mir deutlich geworden, was ich versäumt habe. Die Ärzte und die Krankenschwestern haben nicht gesehen, wie wichtig es ist, den Kranken ernst zu nehmen, seine Ängste, seine Sorgen, seine Fragen, seine Befürchtungen, sein jetziges und sein künftiges Leben.

Das Entsetzen

Seine Angst wurde nicht nur nicht ernst genommen, sie wurde nicht einmal gesehen. N. rief mich in heller Verzweiflung an, ich solle kommen, er habe zwanghaft den Kopf hin- und herschütteln müssen. Er spürte, daß hier etwas Mächtigeres in ihm überhandnahm, dem er sich ausgeliefert fühlte. Er hatte Angst, er war voller Entsetzen. Er rief mich um Hilfe, ich kam, ich war dabei, wie er versuchte, sich den Schwestern verständlich zu machen. Sie hörten sich seine Schilderung an, ohne einen Kommentar dazu. Jedem, der das Zimmer betrat, erzählte er von neuem, was ihm widerfahren war.

Für mich sah es so aus, als ob niemand Notiz davon nehmen wollte. Ich selbst konnte mir keinen Reim darauf machen, was mit N. vor sich gegangen war. Ich sah nur sein blankes Entsetzen, seine Angst, die Panik, die in seinen Augen stand. Ich glaube nicht, daß N. in seiner Angst irgendein Trost zuteil geworden ist.

Ein befreundeter Arzt sagte mir später, als er von diesem Symptom gehört habe, habe er die Hoffnung auf eine Genesung aufgegeben.

Überhaupt glaube ich nicht, daß man einem Kranken verschweigen sollte, wie es um ihn steht. Seine Ängste werden dadurch riesengroß, weil er sich bewußt mit ihnen nicht auseinandersetzen kann. Man verzichtet darauf, die unbewußte Mithilfe zu mobilisieren, die Abwehrkräfte des Unbewußten auf Genesung auszurichten, anstatt sie in hoffnungsloser Bewußtlosigkeit der Angst auszuliefern.

Die Krankheit zeigt sich auf jeden Fall im Unbewußten an, in den Ängsten, in den Befürchtungen, in den Träumen, in den überall lauernden Dämonen. Die Verbalisierung der Angst als Möglichkeit der Heilung ist im Krankenhaus noch unbekannt. Das heißt natürlich nicht, daß die Ärzte einem Kranken einfachhin ein Todesurteil verkünden sollen. Aber sie sollen ihm seine Situation erklären, seine Angst ernst nehmen und ihn an den Maßnahmen zur Gesundung beteiligen. Ihn in Unwissenheit zu lassen ist tödlich.

Die Unwahrheit

Noch fataler aber scheint es mir zu sein, wenn sogar die Unwahrheit gesagt wird. Als ich eine Woche vor N.s Tod glaubte, daß er sterben werde, wußte ich nicht, wie berechtigt meine Sorge war. Niemand bestätigte meine Beobachtung. Mir wurde vorgemacht, das Fieber sei auf 38,8 gestiegen. Ich fand N. in einem desolaten Zustand, völlig kraftlos, im Unbewußten längst dem Abschied hingeneigt. Es war jener Tag, an dem er auch von mir Abschied nahm. Er spürte, daß etwas Ungreifbares in ihm vorging. Erst zwei Tage später, als ich hörte, daß das Fieber in Wirklichkeit über 40° gestiegen war, fühlte ich mich von den Ärzten alleingelassen und hintergangen. Aber nicht nur mich, ich begriff auch, daß es für N. eine Hilfe gewesen wäre, wenn er über sich selbst und über sein Fieber Bescheid gewußt hätte. Es hätte ihm nicht den Mut genommen, gegen sein Fieber anzukämpfen, sondern es hätte ihn bestätigt in der Wahrnehmung seiner selbst, in der Selbsterfahrung, bedrohlich krank zu sein.

Man müßte mit dem Kranken über seine Angst sprechen, über die Angst, die ihm zum Teil unbewußt ist, die ihm aber auf dem Gesicht geschrieben steht. Die Angst vor dem Tod, vor dem Sterbenmüssen, vor dem Abschiednehmen, davor, daß alles endgültig zu Ende ist. N. schrieb einmal in einem Manuskript: „Es ist furchtbar, aus dem Gebunden- und Verbundensein herausgerissen zu werden." Diese Furchtbarkeit erlebte er jetzt, aber niemand verstand das Ausmaß der Angst, die mit dieser Furchtbarkeit Hand in Hand ging. Die Ärzte strahlten berufsmäßig freundlichen Optimismus und hilfreiche Besorgtheit aus, aber sie nahmen an der Angst des Patienten nicht teil, sie gingen nicht auf sie ein, sie taten so, als bestünde sie gar nicht. Die Angst wurde schlechtweg abgeleugnet.

VII.
Das Sterben

Die Verschlechterung

Am ersten Sonntagmorgen kam ich gegen 9.30 Uhr in das Krankenhaus. Ich fand N. schlafend vor, schwer atmend, die Haut blaßgrau, dicke Schweißtropfen auf der Stirn. Er wurde nach einer Weile wach, freute sich, mich zu sehen. Ich versuchte, ein wenig mit ihm zu plaudern. Ich fragte, ob ihm das Frühstück gut geschmeckt habe. Er sagte, er habe schon zu Mittag gegessen. Ich war erstaunt, daß das Mittagessen so früh ausgeteilt wurde, und fragte, was er gegessen habe. Er dachte angestrengt nach und sagte dann: „Eine Banane." Ich verließ ihn unter einem Vorwand und suchte nach einem Arzt. Ich traf auf den Oberarzt und sprach ihn an.

Der Arzt ging bereitwillig auf meine Unruhe ein. Er sagte, er befürchte, er könne nichts Genaues sagen, da er N. seit 4 Tagen nicht gesehen habe. Er werde aber sofort dem Chefarzt Bescheid geben, doch komme der sowieso in wenigen Minuten. Ich hatte das Gefühl, daß meine Sorge ernst genommen worden war, und ging zu N. zurück. N. machte einen munteren Eindruck, er schwitzte nicht mehr, er bekam etwas mehr Farbe, aber die Erfahrung ein paar Minuten zuvor war so bedrohlich gewesen, daß ich mich nicht in Sicherheit wiegen konnte. Es sollte noch eine Röntgenaufnahme gemacht werden. N. wirkte fröhlich, fast euphorisch, und sagte: „Das geht ganz schnell, in 10 Minuten bin ich wieder da." Nach einer Stunde wurde er wieder hereingeschoben, erschöpft und matt. Er sagte strahlend: „Siehst du, ich habe es dir ja gesagt, es geht ganz schnell." Dann kam der Chefarzt, er fragte N., wie es ihm gehe. Er bekam wie immer die Antwort, es gehe ihm gut. Der Chefarzt fragte: „Spüren Sie keine Verschlechterung? Wie geht es mit dem Atmen?" N. verneinte jegliche Verschlechterung. Der Chefarzt fragte: „Wollen Sie vielleicht wieder Sauerstoff haben?"

N. sagte, nein, es gehe ihm gut. Der Chefarzt nahm mich auf den Gang mit hinaus und sagte, es sei sehr freundlich von mir, mitzubeobachten – er sagte das wirklich ohne jede Süffisance –, aber sie könnten keine Veränderung, geschweige denn eine Verschlechterung feststellen. Er zeigte mir die gesamten Aufnahmen der sechs Tage und versuchte mir daran klarzumachen, daß das Lungenödem sich gebessert habe, auch das Herz sei nicht schlechter geworden. Ich ließ mich beruhigen.

Die Verwirrung in der Zeit

Ich bin mir nicht mehr sicher, ob es an diesem Sonntag oder schon am Samstag zuvor mir aufgefallen war: N. war nicht mehr sicher in der Beobachtung der Zeit. Er verwechselte den Morgen mit dem Abend, das Frühstück mit dem Mittagessen. Die tüchtige Ärztin kam während meiner Anwesenheit herein. Sie war die erste, der die gleiche Störung auffiel wie mir. Sie schaute kurz zu mir hin und sagte: „Seit wann tut er das?" Ich sagte: „Ich habe es seit einigen Stunden bemerkt." Sie machte weiter keine Bemerkung dazu. Ich selbst wußte das Phänomen nicht einzuordnen. In den nächsten Tagen wurden mir die verschiedensten Erklärungen dazu angeboten. Der Chefarzt sagte, das seien die Medikamente, die eine derartige Verwirrung hervorrufen könnten. Mit dem Absetzen der Medikamente ginge die Erscheinung wieder vorbei. Ich brauche mich nicht zu beunruhigen. Der Oberarzt sagte, ach, das sei eine Wachraumpsychose, das würden die Ärzte schon gar nicht mehr bemerken, das sei das natürlichste von der Welt. Das sei nicht tragisch zu nehmen, das käme wieder in Ordnung. Meine ärztlichen Freunde waren beunruhigt.

Das leere Zimmer

N. hatte Telefon auf seinem Zimmer, aber ich glaubte, ihn nicht einfach anrufen zu können, um ihn zu fragen: „Na, wie geht's dir denn?" Ich hatte das Gefühl, daß ihn das Telefon zu sehr erschrecken werde und daß es für ihn mühselig sei, nach dem Hörer zu greifen. Ich hatte am frühesten Morgen Zeit, ich konnte, wie ich es gewohnt war, ihn besuchen gehen. Ich schritt durch die Pforte, ich ging den Gang entlang, ich betrat die Station, die mir immer noch neu und fremd und unvertraut war. Ich öffnete das Zimmer, es war leer. Es war eine gähnende Leere, die mich umfing. Das Bett stand weiß und unberührt da. Ich ging nach draußen, sein Name stand noch an der Tür; mein Herz blieb nicht stehen, es versagte nicht seinen Dienst. Es war unmöglich, es konnte nichts geschehen sein. Wie konnte etwas geschehen sein, ohne daß man mich benachrichtigt hätte. Ich hatte deutlich und vernehmlich diesen Wunsch geäußert. Das Telefon war daheim immer so gestellt, daß ich es auch des Nachts vernehmen mußte.

Ich habe vergessen, was dann geschehen ist. Ich weiß nur, daß ich mich weiterbewegte und daß ich irgendwohin ging. Ich weiß nicht mehr, wer mir Bescheid gab, irgendwie fand ich mich auf der Intensivstation wieder.

Der zweite Herzinfarkt

Es wurde mir aufgemacht, ich sah schon durch das Glasfenster der Tür, daß N. in seinem alten Raum und in seinem alten Bett lag. Ich konnte zu ihm gehen und ihn begrüßen. Der Oberarzt war im Vorraum. Irgendwie wurde mir hingeworfen: „Wahrscheinlich hat er einen zweiten Herzinfarkt gehabt." Das wurde so gesagt, so als ob es die größte Selbstverständlichkeit von der Welt wäre. Ein kleines Malheur, ein paar Tage auf der Intensivstation, alles ist wieder überstanden!

Ich weiß nicht mehr, wer es mir erzählt hat. Eigentlich war es ja immer nur ein Zufall, wenn ich von irgend jemandem einen kurzen Bericht über N. bekam. N. war in der Nacht verwirrt gewesen und aus dem Bett geklettert. Man hatte ihn auf dem Boden liegend gefunden. Er war wieder in die Intensivstation zurückgebracht worden.

Ich fühlte keinen Triumph, ich glaube, ich dachte nicht einmal: „Ich habe es gesehen, ich habe es genau gesehen, ich habe es allen gesagt, aber niemand hat es mir geglaubt." Die Apparate vermochten noch nicht anzuzeigen, was ich längst gesehen hatte, weil ich N. liebte.

Ich merkte, daß N. völlig in der Zeit verwirrt war und ihn

darüber große Beunruhigung überkam. Ich traf den Chefarzt und bat ihn, N. daraufhin anzusprechen und ihn wegen dieser Erscheinung zu beruhigen. Ich sagte, es müsse für einen differenzierten Menschen überaus ängstigend sein zu merken, daß er in der Zeiterfahrung verwirrt sei. Ich dachte mir, es sei für N. tröstlicher, wenn der Chefarzt das tue, als wenn ich versuchte, ihm die Angst zu nehmen. Für diese Störung war der Chefarzt zuständig.

Lebensgefahr

An diesem Montag – es war der 7. Tag nach N.s Erkrankung, hatte ich zum ersten Mal das sichere Gefühl, daß N. sterben werde. Ich sprach mit dem Nachtarzt darüber und bat, auf jeden Fall bei einer Verschlechterung gerufen zu werden. Der Nachtarzt beruhigte mich, er glaube nicht, daß es um N. so schlecht stünde. Als ich durch den weiten Gang der Pforte zuschritt, konnte ich zum ersten Mal meinen Tränen nicht wehren.

Die Besserung

Jeden Morgen, wenn ich nicht sofort ins Krankenhaus fahren konnte, rief ich auf der Intensivstation an und fragte, wie es mit N. stünde. Ich hörte wie jeden Tag die gleiche Antwort, es ginge ihm so weit recht gut.

Als ich endlich am späten Vormittag ins Krankenhaus kam, war N. völlig verändert. Es ging ihm besser, man sah es auf den ersten Blick. Er wirkte lebhafter, mehr auf seine Umwelt bezogen, seine Ausdrucksweise war präziser, seine Äußerungen bestimmter.

Aber auch in dieser Nacht hatte er versucht, aus dem Bett zu klettern. Sein freundlicher Zimmergenosse konnte für ihn um Hilfe rufen. Er sagte, N. habe zu mir gewollt. Ich möchte so gerne wissen, ob der Bettnachbar das nur einfach so dahingesagt hat oder ob er N. wirklich so verstanden hat, daß es ihn zu mir hintrieb.

Jetzt, da ich meine Erinnerungen niederschreibe, kommt mir

der Gedanke, ob es Sorge um uns gewesen sein könnte, die ihn in seiner Verwirrung nach Hause trieb. Ich glaube es nicht. Ich habe keinerlei Beunruhigung über die Familie während seiner Erkrankung bemerkt. Ich glaube eher, daß er sich zu uns flüchten wollte, ganz einfach, weil er zu uns gehörte, weil er sich bei uns geborgen wußte.

Die Herzoperation

Auch an dieses Gespräch kann ich mich nicht mehr genau entsinnen, aber die, mit denen ich deswegen telefoniert habe, meinen, daß es am Dienstag geführt worden sei, acht Tage nach seiner Erkrankung. Der Chefarzt sprach mich daraufhin an, er sagte, zu dem zweiten Herzinfarkt sei eine Pericarditis, eine Herzbeutelentzündung, hinzugekommen. Es könne sein, daß wir an eine Herzoperation denken müßten, das nekrotische, abgestorbene Gewebe müßte entfernt werden, damit der Herzmuskel wieder arbeitsfähig werde.

Eine Herzoperation. Ich dachte, der wird N. niemals zustimmen. Mit dieser Sorge wurde ich nach Hause entlassen. Ich versuchte, unsere Arztfreunde anzurufen, es muß um die Mittagszeit gewesen sein. Karl gab mir den Rat, mich an den zuständigen Herzchirurgen zu wenden. Ich versuchte, ihn zu erreichen. Es wurde mir gesagt, nach 14 Uhr könne ich ihn sprechen. Seine Telefonnummer habe ich heute noch in meinen Aufzeichnungen. Mittags fehlte mir der Mut dazu, den überbelasteten Herzchirurgen anzurufen und ihm meine Fragen vorzutragen. Wenn ich es getan hätte, hätte er mir sicher die gleiche Auskunft gegeben, wie ich sie am Abend von meiner Schwester erhielt: an eine Herzoperation war in diesem Augenblick gar nicht zu denken, die wäre erst viele Monate später möglich gewesen. Sie stand jetzt nicht im Bereich des Erwägbaren.

Warum hatte der Chefarzt mit mir darüber gesprochen? Wollte er mir damit Hoffnung machen, daß es Aussicht gäbe, N. wieder zu einem voll arbeitsfähigen und belastbaren Menschen zu machen? Ich weiß es nicht, ich weiß nur, daß mich dieser Vorschlag, der so ungenau gehalten war oder den ich mißverstanden habe, tief beunruhigte, und zwar nicht nur wegen der Gefahr, die er mit sich brächte, sondern wegen der Entscheidung, die uns zugemutet worden wäre. Der Telefonanruf an den Herzchirurgen unserer Stadt hat sich erübrigt.

Störungen

Die ganze zweite Woche ging es N. sehr schlecht. Ich hatte aber nicht den Eindruck, daß er sterbend sei. Seine Stimme wurde leise, fast unhörbar. Ich mußte mich über ihn beugen, um ihn verstehen zu können. Ich hatte gelernt, das Krankenblatt mit seinen verschiedenfarbigen Eintragungen zu lesen. Die Temperatur war unvermindert auf 38.8, die Ärzte waren besorgt wegen der Herzrhythmusstörungen, die aber immer nur dann auftraten, wenn ich selbst nicht anwesend war. Ich habe sie auf dem Monitor nie feststellen können.

In diesen Tagen in der 2. Woche war die Verwirrung bei N. besonders groß. Ich sah ihm die Angst an, das Entsetzen, nicht mehr Herr über sein Zeitgefühl zu sein. Ich glaube, er fühlte sich der Lächerlichkeit preisgegeben, seiner Würde beraubt, weil er die Zeiten miteinander verwechselte. Ich versuchte, ihn zu beruhigen, es dauerte aber mehrere Tage, bis er mit der Zeiteinschätzung einigermaßen wieder zurecht kam. Mehrmals passierte es, daß ich zu der verabredeten Zeit zu ihm kam und ihn in höchster Aufregung vorfand; er klammerte sich an mich, er sagte: „Ich habe gedacht, es wäre etwas mit dir passiert, dir wäre ein Unfall zugestoßen." Er vermochte nicht einmal, sich auf der Uhr zu orientieren, das automatische Laufwerk versagte, weil sie unbewegt am Galgen hing. Ich gewöhnte mir deswegen an, sie regelmäßig aufzuziehen und mit ihm die Zeit zu besprechen, damit er ein paar Orientierungspunkte während des Tages hatte. Dann verabredeten wir, daß ich ihm einen Zettel hinlegte, auf dem ich notierte, wann ich wiederkommen würde. Die schriftliche Fixierung benötigten wir aber nur zwei, drei Tage, danach war die Zeitorientierung wieder gesichert.

Aus dem Krankenblatt entnahm ich, daß N. eine Niereninsuffizienz habe. Wie gefährlich sie war, konnte ich nicht beurteilen. Ich wußte nur, daß N. sehr viel trinken sollte. Es wurde über Einfuhr und Ausfuhr, über das, was er an Getränken zu sich nahm und was er ausschied, Buch geführt. N. wollte die Urinflasche immer von mir gereicht bekommen. Manchmal sagte er, ich solle den Urin wegschütten. Ab und zu flackerte überhaupt etwas Heimtückisches in N. auf, so, als ob er sich dem Zwang im Krankenhaus entziehen wolle.

Träume

Am Tag nach N.s Erkrankung rief ich einen Freund an, einen sehr lieben Freund. Ich erzählte ihm, daß N. schwer erkrankt sei. Einen Tag später schickte mir der Freund folgenden Brief: „Von Deinem heutigen Anruf bin ich sehr betroffen. Ich hatte nämlich heute nacht einen furchtbaren Traum, der seltsamerweise von einem Hauch des Friedens begleitet war. Mein Bruder war gestorben und war doch nicht tot. Ich konnte mit ihm sprechen. Er hatte sich sehr verändert, ruhig und langsam sprach er, mit eigenartig verschleiertem Blick. Für einen Augenblick dachte ich daran, in der Frühe meinen Bruder anzurufen, tat es aber dann doch nicht, weil ich sicher Nachricht bekommen hätte, wenn es ihm nicht gut geht. Und da hast Du nun angerufen. Ich kann den Traum von der Erkrankung von N. nicht trennen. Er ist also dieser Bruder. Ich kann nicht anders, als den Traum so zu deuten, daß es eine tiefe, unbewußte Beziehung zwischen N. und mir gibt. Ich schreibe das, weil es mich dazu drängt..."

Ich selbst habe während N.s Erkrankung zweimal von ihm geträumt. Beide Male in der dritten Woche, als sein Befinden sich auffällig besserte. Ich träumte, er läge im Nebenzimmer und ich schliefe gut und ruhig. Es wäre noch ganz still bei ihm. Mir fiel ein, daß im Nebenzimmer immer das kleinste Kind geschlafen hat, der Säugling, der meiner Nähe am meisten bedurfte. Nach dem Traum wachte ich auf, es war 2.30 Uhr in der Nacht. Ich hatte große Sorge.

Am Tag darauf träumte ich, ich solle irgendwelche alten Folianten über N. II. studieren. Es interessierte mich sehr und ich freute mich darauf.

Es war am 2. Sonntag, als ich N. des Morgens besuchte. Er sah müde und erschöpft aus, er hatte schon am Morgen 38,8 Fieber. Ich ging bedrückt nach Hause. Ich sah ihn des Mittags noch einmal, der Zustand war unverändert. Am Abend aber begegnete ich einem ganz anderen. Er war wach und lebhaft, das Fieber war plötzlich gesunken.

Es ging aufwärts. Ich konnte es nicht glauben, aber es war wirklich so, es ging aufwärts. N. erholte sich von Tag zu Tag, der Chefarzt teilte mir mit, daß wahrscheinlich die Zwischenerkrankung kein neuer Herzinfarkt gewesen sei, wahrscheinlich habe es sich um ein bloßes Fieber, hervorgerufen durch die Pericarditis, gehandelt. Auch habe er einen Bronchial-Katarrh, die Niereninsuffizienz sei längst behoben. Es stünde gut.

Es ging wirklich weiterhin besser. Ich erzählte den Kindern von meinen Beobachtungen. Sie registrierten nicht, daß die jetzige Besserung eine frühere Gefahr bedeutete.

Ich konnte ihnen erzählen, N. mache schon wieder Pläne, er wolle ein Buch schreiben. Das war das beste Zeichen. Sie erkundigten sich interessiert nach seinen Plänen, sie wollten davon hören, sie drängten darauf, ihn besuchen zu können. Aber immer noch wehrte er ihre Forderungen ab. Wenn es ihm besser ginge, dürften sie kommen.

N. ließ sich wieder Zeitungen bringen. Ich beobachtete aber, daß er nur die politischen Artikel las. Seine geliebte „Deutsche Zeitung" ließ er ungeöffnet liegen.

Es ging aufwärts mit ihm. Manchmal betrachtete ich ihn daraufhin, wie er sich wohl verändert hatte. Seine Haut war wieder gespannt und gut durchblutet, aber seine Hände waren schmal geworden und seine Oberschenkel waren dünn wie die eines alten Mannes.

Manchmal wurde er von einer Unruhe gepackt, und er drängte darauf, daß ich bei den Verlagen sein ihm längst zustehendes Honorar einfordern sollte. Unvermittelt konnte er einmal sagen und hatte Tränen in den Augen: „Vielleicht kommen mir die Tränen, weil ich so glücklich mit dir bin."

Einmal aß er voller Vergnügen eine Schale Erdbeeren, eine nach der anderen. Es waren große, schöne Erdbeeren, so groß, daß man sie nur mit Mühe und Not in den Mund nehmen konnte, ohne sie abzubeißen. Es steckte etwas wie kindliche Freude dahinter, die Riesenerdbeeren sich einverleiben zu können. In diesen Tagen sprach N. viel. Er wirkte dann zwar immer sehr erschöpft, aber er sprach wie unter einem großen Drang.

Die Kinder warteten darauf, den Vater besuchen zu dürfen. Kerstin sagte: „Ich verstehe gar nicht, warum Vater so erschöpft ist. Er tut doch den ganzen Tag nichts." Dieses Wort klang so hart und verständnislos, daß ich bitter darüber wurde. Vielleicht war es der Versuch, die Schwere der Erkrankung nicht ernst nehmen zu müssen.

N. sah gut und lebhaft aus. Eine Schwester hatte ihm Mittagessen vorgesetzt, und er hatte mit Appetit gegessen, zum ersten Mal im Krankenhaus, seit fast drei Wochen. Er überlegte, ob er sich von mir etwas Wurst für den Abend mitbringen lassen wolle. Am Samstagabend wurde er verlegt auf eine Allgemeinstation, er war glücklich darüber. Auch am Abend aß er mit Heißhunger und trank das Bier, das ihm gebracht wurde.

Am nächsten Tag wollte er zum ersten Mal Besuch empfangen. Er hatte darum gebeten, Ludwig zu sehen, unseren Freund. Auch wollte er die Kinder kommen lassen, eins nach dem anderen. Wir beschlossen, daß Thomas als erster kommen dürfe.

Der erste Besuch

N. fühlte sich wohl in seinem neuen Zimmer. Aber er hatte in der Nacht Angst gehabt, wieder auf die Intensivstation zurückzumüssen.

Er begrüßte Ludwig. Es war ein ganz alltäglicher Krankenbesuch. N. sprach nichts von dem aus, was in ihm vor sich ging, doch berichtete er über seinen Wunsch, alle Freunde wiederzusehen. Er malte ausführlich und langatmig aus, wie er alle seine Freunde einladen wolle. Dieser Plan wurde mit tödlichem Ernst vorgetragen; ich hatte das Gefühl, daß N. sehr verändert war. Als sich Ludwig verabschiedete, reichte ihm N. mit einem unsäglichen Gesichtsausdruck die Hand. Er hatte große, bettelnde Augen, er sah aus, als ob er um Hilfe schreie, aber seine Not nicht zu Worten formen könne.

N. kamen die Tränen, als er sagte, er wolle den Sinn dieser Erkrankung entdecken. Wenige Tage später rief Ludwig an, wie es N. ginge. Ich sagte ihm, daß er wieder Fieber habe, hohes Fieber. Ich war voller Unruhe. Ludwig meinte, das sei ein gutes Zeichen, der Körper habe wieder Kraft, Widerstand zu leisten. Ich fühlte mich unverstanden. Ich glaubte nicht daran, daß N. noch einmal gesund würde.

Bevor ich mich am Abend auf den Weg machte, um mit Thomas zu N. zu fahren. rief er an. Er bat mich um Hilfe, er habe wieder Fieber. Er hatte Angst, wieder auf die Intensivstation zurückzumüssen.

Die Kinder

An jenem Sonntagabend durfte Thomas zu ihm kommen. Für ihn war die Situation eines Krankenhauses nichts Neues. Hatte er doch selbst viele Monate im Krankenhaus verbracht. Er bewegte sich ungehemmt, er war freundlich, übermütig und optimistisch wie immer. Sein Humor tat dem Vater gut. N. bot dem Jungen etwas von seinem Abendessen an. Der Junge aß bereitwillig auf, was der Vater übrigließ. Wenig genug hatte der Vater sowieso gegessen. N. wirkte in der Anwesenheit des Jungen fröhlich, fast gesund.

Der Besuch von Kerstin am nächsten Abend stand unter sehr ungünstigen Vorzeichen. Wieder hatte N. mich angerufen. Er war in furchtbarer Angst, er war außer sich vor Entsetzen. Ich ließ Kerstin zuerst in den Vorräumen warten. Es gelang mir, N. zu beruhigen. Als sie dann hereinkommen durfte, wandte er sich ihr in großer Intensität zu. Er sprach über ihre Pläne, ins Ausland zu gehen. Er erwies sich als völlig orientiert über die politische Situation, er warnte sie mit vernünftigen Argumenten. Es war ein gutes Gespräch zwischen den beiden, so als ob nichts gewesen wäre, so wie es immer war. Ruhig, freundlich, geduldig, verständnisvoll, anteilnehmend.

Am Dienstagabend sollte Mirjam mitkommen. N. freute sich über sie, freute sich unmittelbar, voller Inständigkeit. Als er sie sah, kamen ihm die Tränen. Sie gingen lieb miteinander um, die beiden. Lange konnte ich sie nicht beisammen lassen. N. fühlte sich erschöpft, er war voller Unruhe. Wir wußten nicht, daß er Fieber über 40° hatte.

Unerwarteter Besuch

An jenem Montag der vierten Woche kam Frau H. in die Klinik, um Blumen für N. abzugeben. Sie hatte ihren 5jährigen Sohn dabei. Mehr überredet von der Krankenschwester als aus eigenem Entschluß trat sie in das Zimmer. Sie erzählte mir später, daß N. sich offensichtlich gefreut habe. Sie sei nur ganz kurz bei ihm geblieben. Er habe zu ihr gesagt: „Kommen Sie bald wieder, kommen Sie bald wieder.“ Auch ihrem kleinen Sohn, den er nicht kannte, hatte er sich zugewandt und hatte ihn freundlich willkommen geheißen. Als Frau H. mit dem Kind das Zimmer verließ, sagte der Junge: „Ich mag Kranke, Mutter.“

Nach N.s Tod machten sich viele seiner Freunde Vorwürfe, warum sie nicht zu einem letzten Besuch zu ihm gegangen waren. Sie hatten keinen Grund, sich Vorwürfe zu machen. Es hatte nicht an ihrem guten Willen gefehlt, und auch die Ärzte hatten den Besuch nicht unterbunden, N. ertrug keinen Besuch mehr. Er wünschte ihn nicht.

Störungen

Abermals verschob sich für N. die Zeit. Er glaubte, daß in drei Tagen sein Geburtstag sei. Vielleicht wollte er ihn noch erleben, ich weiß es nicht.

Eine seltsame Abneigung entwickelte sich in N. gegen die Putzfrauen. Er beklagte sich über sie. Sie machten alles so übergenau und doch nicht gründlich genug. Sie stießen gedankenlos an sein Bett, offensichtlich tat ihm die Erschütterung weh. N. klagte überhaupt darüber, daß man so lieblos mit dem Bett umgehe. Er fühle sich schlecht, seitdem er am Samstagabend von der Intensivstation auf die allgemeine Pflegestation gebracht worden sei. Immer wieder sei das Bett in den Gängen angestoßen.

Drei Tage war N. ohne Dauertropf gewesen. Nun erhielt er wieder Infusionen. Man sagte, er habe 38,8 Fieber, man sprach von Extrasystolen. N. fühlte sich krank, war sehr lieb.

Es war acht Tage vor seinem Tod, der Chefarzt sagte mir, sie wüßten nicht, woher das Fieber käme. Es sei nichts an der Lunge und es sei nichts an der Niere. Das alles sei in Ordnung gekommen, wahrscheinlich sei es das Herz. Das nekrotische Gewebe entzünde sich. An jenem Tag sagte er mir, auch wenn N. den Herzinfarkt überstände, würde er nicht mehr leistungsfähig werden. Ich dachte an den Vorschlag einer Herzoperation. Es war nicht von Sterben die Rede, aber die Beziehung dorthin war unüberhörbar. Ich fragte: „Verstehe ich das recht, daß jede Aufregung für N. lebensgefährlich ist?“ Und dachte an den Ärger mit der Nachtschwester und an die Beängstigung durch das Kopfschütteln. Der Chefarzt sagte: „Die Aufregung nicht, sondern die schwere Schädigung am Herzen, die zu Unregelmäßigkeiten führen kann, zu einem Herzflimmern, das dann unter Umständen nicht mehr unter Kontrolle zu bringen ist.“ Wodurch, glauben die Ärzte, werden diese Unregelmäßigkeiten ausgelöst?

Die Extrasystolen traten zeitweilig wieder auf. Sie wurden von den Ärzten sehr ernst genommen. Einmal stürzte die tüchtige Ärztin in das Krankenzimmer und sagte dem Chefarzt, der gerade dort anwesend war, mit allen Zeichen von Besorgnis, daß soeben die Extrasystolen verstärkt auf dem Bildschirm zu sehen seien.

Sehr gequält fühlte N. sich durch Blähungen. Er meinte, es sei ein Zeichen, daß er wieder Kraft gewinne. Bisher hatte er keine Blähungen gespürt. Jetzt schämte er sich dieses Dranges sehr und bat jedesmal um Verzeihung. Welche Erleichterung muß es für ihn bedeutet haben, daß er im Zimmer allein lag und nicht einem anderen Kranken zur Last fallen mußte. Die letzten fünf Tage bemerkte ich diesen Drang bei ihm nicht mehr.

Was für Kummer mache ich euch!

Ab und zu ließ sich N. von daheim berichten, aber immer nur ganz kurz, fast wie beiläufig, wie um die Versicherung zu haben, daß daheim alles gut gehe. Aber ein Wort sagte er immer wieder: „Was für Kummer mache ich euch!“ Zuerst griff ich diese Bemerkung nicht auf, es war ja wirklich so, daß er uns Kummer bereitete, daß wir alle in Sorge um ihn waren. Ich hatte eigentlich immer das Gefühl, daß er hören wollte: „Du machst uns keinen großen Kummer, es ist ja nicht so schlimm mit dir.“ Aber ich brachte diese Versicherung nicht über die Lippen. Das furchtbare

Spiel von Auf und Ab hatte sich zum zweiten Mal wiederholt, ich wußte noch nicht, daß es sich zum dritten Mal anbahnte. Ich war glücklich, daß es ihm besser ging. Seit einem Tag lag er im Einzelzimmer, war er von der Wachstation wegverlegt worden, und da sagte er es wieder, er sagte es zum letzten Mal. Ich war vor Erleichterung übermütig, daß sich sein Zustand offensichtlich besserte. Ich tat etwas, was ich die ganze Zeit bei dem schwerkranken Mann nicht getan hatte, ich legte meinen Kopf an seinen Hals und sagte: „Keinen Kummer, nur Arbeit." Ich wollte einen Scherz machen, ich weiß es nicht, wie er meine Bemerkung verstanden hat. Er war oft so wehrlos gegen meine Scherze. Sie waren ihm oft viel zu flink und redegewandt, viel zu zugespitzt. Ich glaube, daß er sich mißverstanden fühlte, daß er in Wirklichkeit das Herannahen des Fiebers in sich fühlte, daß die Angst in ihm überhandnahm und daß sein Wort „was für Kummer mache ich euch" heißen sollte: „Ich bin in Sorge um mich selbst, steh mir bei." Und ich habe es nicht verstanden.

Wie kann man nur so krank sein?

Noch ein anderes Wort hat N. zwei- oder dreimal in diesen Wochen ausgesprochen. Er sagte: „Wie kann man nur so krank sein." Er formulierte es nicht persönlich, er sagte nicht, ich fühle mich so entsetzlich krank und schwach, sondern er versuchte ohne Klage zu sagen, wie ist es überhaupt nur möglich, daß einer, der sich gesund gefühlt hat, voller Pläne war, voller Leben, voller Fähigkeit, mit anderen Menschen zu sprechen, sie zu lehren, sie anzuhören, wie ist es nur möglich, daß der so krank ist, daß er nicht mehr zuhören kann, daß er keine Pläne mehr macht, daß er nicht mehr lehren kann, daß er seit Wochen ausgeliefert ist an ein Krankenbett, an Instrumente, an Ärzte und Pfleger, an Medikamente, an Fürsorge der anderen, anstatt selbst sein Leben in die Hand zu nehmen, anstatt über sich selbst verfügen zu können. Wie kann man nur so krank sein.

Der Rechtsbeistand

Am Tag seines Todes fragte N.: „Was hat der Rechtsanwalt gesagt?“ Je näher es auf seinen Tod zuging, um so öfter stellte er diese Frage. Ich war überrascht. Wie konnte es ihn, der im Sterben lag, noch kümmern, was aus einem ungeklärten Verkehrsunfall werden würde? Was hatte er jetzt Angst um Dinge, die, gemessen an seiner Erkrankung, nicht mehr so wichtig waren? Ich habe während seiner Krankheit seine Fragen immer auf den Verkehrsunfall bezogen. Ich habe versucht, die Angst, die daraus sprach, aufzugreifen und ihm zu sagen, daß auch, wenn er an diesem Verkehrsunfall für schuldig befunden würde, nichts geschehen könne, das sein Leben beeinträchtigen würde. Mir fiel aber auf, daß er meinen Erklärungen, mochten sie auch noch so kurz gehalten sein, keine Aufmerksamkeit zuwandte. Erst später habe ich verstanden, daß seine Frage nach dem Rechtsbeistand wahrscheinlich in ganz andere Dimensionen hineinlangte. An dem Faktum des Verkehrsunfalls hing sich etwas Unbewußtes an, die Sorge um einen Beistand, um einen Fürsprecher, vielleicht um einen, der ihn zum Gericht begleiten würde.

Der Abschied

N. hat nicht Abschied genommen. Er hat sich um uns keine Sorge gemacht, er hat einfach unsere Liebe und Fürsorge angenommen und war dankbar dafür. Für mich besteht kein Zweifel: er wollte nicht sterben. Der Gedanke seines Todes, den er so oft bedacht hatte, war für ihn undenkbar geworden. Er lag außerhalb dessen, was er zu leisten noch fähig war. Dabei war all das, was aus dem Unbewußten kam, voll von Abschied.

Es war acht Tage vor seinem Tod, ein Dienstagmorgen, ich saß in seinem Zimmer an seinem Bett. Es ging ihm sehr schlecht. Ich sah es deutlich, ich wußte aber nicht, daß das Fieber inzwischen über 40° gestiegen war. Es war ihm so gut gegangen in der Woche zuvor, und jetzt schien es für mich abermals zu heißen, Abschied zu nehmen. Ich wollte nicht mehr, ich war nicht mehr bereit zu verzichten, ich war nicht mehr gewillt, ihn gehen zu lassen, ich war erschöpft von all dem Hin und Her in diesen drei Wochen, von der Furcht, von der Hoffnung, von der Vergeblichkeit. Ich saß da wie immer, behutsam etwas an ihn herantragend, darauf wartend, was er von mir erwartete.

Wenn N. in diesen vier Wochen über etwas sprach, war es eine Mitteilung seiner Gedanken, seiner Vorstellungen, seiner Wünsche. Diesmal sprach er ganz anders. Es war ein Vermächtnis, es sollte ganz gewiß ein Vermächtnis sein. Er sprach in großer Unruhe und innerer Bewegtheit. Ihm liefen die Tränen die Backen herunter. Er sagte: „Ich habe dich sehr geliebt, aber meine Leidenschaft hat dem Heiligen Israels gegolten." Er wiederholte noch einmal: „Ich habe dich gewiß sehr lieb gehabt, aber verzeih, meine einzige Leidenschaft hat Jahve gegolten, dem Heiligen Israels. Er hat mich mitten ins Herz getroffen."

Und dann sprach er jene Verse voller Anbetung, voller Erfahrung. Er sprach das „Heilig, heilig, heilig" und andere Texte. Ich weiß nur noch ein paar dieser Verse, die anderen waren mir nicht so vertraut. Aber sie klingen immer noch in mir nach. Sie stammten aus dem Geist der Propheten, die von diesem Gott Jahve in Beschlag genommen waren.

N. sagte: „Mit 14 Jahren habe ich zum ersten Mal eine Gotteserfahrung gemacht." N. hatte nie darüber gesprochen, und dennoch wußte ich darum. Ihm liefen langsam die Tränen herunter. Ich sah, daß ihn das Sprechen sehr anstrengte, aber ich dachte nicht daran, ihn zu hindern. Das, was jahrelang ungesagt geblieben war, einmal mußte es ausgesprochen werden. N. sagte: „Und Jehoshua, ich hätte so gern über ihn geschrieben." Noch einmal sprach er einen Psalm-Text. Ich glaube, er sprach ihn mit den Worten Bubers, den er sein Leben lang verehrt hatte: „Auch wenn ich gehn muß durch Todschattenschlucht, fürchte ich nichts Böses, denn du bist bei mir."

Es lag ein verzweifelter Ernst über ihm. Es war deutlich, daß es nichts Wichtigeres für ihn gab, als das auszusprechen, was in ihm war. Niemand kam in das Krankenzimmer, in der Intensivstation wäre ein solches Gespräch unmöglich gewesen. Das Wichtigste, was in diesen vier Wochen zwischen uns beiden geschehen ist – kein Arzt, kein Pfleger hat davon erfahren.

N. fand immer noch keine Ruhe. Er war sehr erschöpft, er sagte noch ein paarmal: „Es war eine gute Wahl, die wir getroffen haben, ja, ich glaube, es war wirklich eine gute Wahl." Er meinte unsere Ehe. Ich saß da, mir standen die Augen dick voll Tränen. Wir waren noch lange beisammen, N. wollte mich nicht gehen lassen.

Es waren Minuten von einer Dichte, wie sie uns selten im Leben gewährt wird.

In diesen Tagen war es, daß ich mit Kerstin behutsam über ein mögliches Sterben sprechen wollte. Ich sagte zu ihr: „Weißt du, was ich am meisten entbehren werde, ist, nicht mehr mit ihm sprechen zu können."

Der Telefonanruf

Am nächsten Morgen ging es N. offensichtlich besser. Er aß ein halbes Ei und ein viertel Brötchen. Der Chefarzt war zufrieden. Mittags fühlte N. sich weniger gut, abends war er sehr erschöpft.

Seitdem N. erkrankt war, war unsere Telefonanlage immer so gestellt, daß wir auch des Nachts das Läuten vernehmen konnten. In der Nacht von Mittwoch auf Donnerstag, sechs Tage vor seinem Tod, schellte um 10 vor 1 Uhr das Telefon. Es dauerte eine Weile, bis ich in meiner Schlaftrunkenheit begriff, was mich geweckt hatte. Ich stürzte zum Telefon, auch Kerstin war zum Apparat gelaufen. Ich weiß nicht mehr, wer den Hörer von der Gabel riß. Ich meine, ich muß es gewesen sein. Ich spüre jetzt noch das Entsetzen, das mich vor dem, was kommen würde, befiel. Aber es kam nichts, es kam gar nichts. Das Freizeichen erklang. Der, der uns hatte anrufen wollen, hatte eingehängt. Kerstin und ich waren in größter Sorge. Wir hatten zwar die Telefonnummer von N.s Zimmer, aber wir konnten doch nicht bei ihm anrufen und ihn fragen, wie es ihm gehe. Ich hatte nicht die Telefonnummer von seiner Station. In meiner Verzweiflung rief ich auf der Intensivstation an. Ich glaube, die junge Ärztin war am Telefon. Ich sagte ihr: „Es hat bei uns angerufen, ist etwas mit meinem Mann? Können Sie es feststellen? Ich kann die Station nicht erreichen." Sie war freundlich und sagte, sie wolle sich erkundigen. Sie kam nach einer Minute wieder und sagte: Nein, es sei alles in Ordnung, von der Station aus seien wir nicht angerufen worden.

Der Donnerstag

N. hatte eine schlechte Nacht. Mehrmals war die Infusion ausgelaufen, die Schwestern auf der Allgemeinstation kamen mit ihr nicht zurecht. N. war unruhig und erschöpft.

N. war in Panik, die Schwestern hatten bei der Pflege erste Blasen auf dem Gesäß festgestellt. Er war wundgelegen, er hatte Angst davor, noch hilfloser zu sein. Er lag völlig kraftlos und starr, er ließ sich nicht rasieren, er aß etwa 100 g Schokoladenpudding, den ich mitgebracht hatte. Am Mittag war er sehr schwach. Er aß nichts, hatte aber klare Augen. Am Abend wirkte er müde, nahm aber zwei kleine Wiener und etwas dicke Milch zu sich.

Über dem Bett entdeckte ich den Zettel der Krankengymnastin. Dort stand als Diagnose: Vorderwandinfarkt und Herzwandaneurysma. Das Fieber war auf 37,5 gesunken. Es war eine deutliche Besserung festzustellen. Wiederum wurde Wert darauf gelegt, daß N. zwei Liter am Tag trank. Er bekam Marcumar, aber keine Antibiotika mehr. Nur noch Kochsalzlösung war in der Infusion, damit N. nicht bei jeder Spritze neu gestochen werden mußte. N. hatte ein Wasserkissen bekommen, um das Wundliegen zu verhindern.

Der Freitag

Abermals schien es nach medizinischem Ermessen aufwärtszugehen. Die Infusionen waren nicht mehr notwendig, sie wurden entfernt. Der Chefarzt teilte mir mit, es ginge ihm recht gut. Auch das EKG sei seit dem Infarkt deutlich besser geworden. Ich selbst fand ihn seltsam verändert, er wirkte sehr streng und ablehnend. Es war schwierig, mit ihm umzugehen. Er wirkte nicht anklammernd wie sonst, er zeigte keine Freude über mein Kommen. Er wollte seinen großen alten Freund E. noch nicht sehen, er hatte eine Spur gegessen, lag starr, steif und teilnahmslos im Bett. Gegen Abend wirkte er sehr erschöpft. Er verlangte nicht nach einer Zeitung. Er ließ sich heimlich Kompressen auf die Stirn machen, aber immer so, daß die Schwestern es nicht merkten. Er war ganz appetitlos, aber hungrig. An diesem Abend sagte er: „Die Kinder sollen fröhlich sein." Dann sagte er: „Es wird Spätherbst, bis ich nach Hause komme." Ich sagte: „Ja."

Der Samstag

Es sah alles so harmlos aus. Der Patient war ohne Fieber, er wirkte müde und erschöpft, er aß fast nichts. Die Schwestern waren nicht mehr mit seiner Pflege überlastet. Ich weiß nicht mehr, ob die Verbindung zum Monitor im Wachraum ebenfalls entfernt worden war. Ich glaube es wohl. Das Zimmer stand voller Blumen, alles machte den Eindruck, daß es nun bergauf gehen würde. Es war das Zimmer, wie es einem Genesenden bereitet wird. Der Chefarzt sprach mit ihm, daß er zu wenig äße. N. sagte, das komme alles von selbst wieder, wenn er sich kräftiger fühle. Der Chefarzt schlug vor, die Diätassistentin aus der Küche kommen zu lassen und mit ihr zu überlegen, was ihm vielleicht Appetit machen könne. Ich wunderte mich, daß er meine Puddings immer noch annahm, wenn er auch nur wenige Löffel davon aß. Ich dachte, irgend etwas Feines, ganz Leichtes, Delikates würde ihm vielleicht schmecken, würde ihn vielleicht aus seiner Erschöpfung herausreißen. Ich bat eine Schwester, die Diätassistentin kommen zu lassen. Sie wehrte ab, das könnten sie selbst. Zur nächsten Mahlzeit bekam N. eine Riesenschüssel Pudding aus der Diätküche.

N. sprach an diesem Tag sehr wenig. Manchmal sagte er: „Die lieben, lieben Kinder." Er war nicht mehr so abweisend, er fragte: „Wie soll ich je wieder Kraft bekommen?"

N. sagte: „Wenn du weggehst, bin ich ganz verlassen." Ich dachte an unser Gespräch am Dienstag, an das: „denn du bist bei mir". Aber ich vermochte es nicht auszusprechen, ich fürchtete, meine Fassung zu verlieren. Ich hätte es ihm so gerne gesagt: „Er ist doch bei dir." Aber ich konnte es nicht sagen, ich brachte es nicht über die Lippen.

An jenem Samstag fiel mir auf, daß in der Urinflasche sehr wenig Urin war. Es mußte wieder Buch darüber geführt werden, wieviel er trank und wieviel er ausschied. Wiederum ließ er sich in seinem Trinken ausschließlich von daheim versorgen. Sehr genau wurde dieser Zettel nie geführt. Die Schwestern schrieben einfach auf, was sie ihm an Flüssigkeit ins Zimmer brachten. Sie kontrollierten aber nicht, ob die Flüssigkeit getrunken worden war. Mich beunruhigte die geringe Urinausscheidung am Samstag nicht. Ich hatte ja keinen Überblick darüber, was er außerhalb meiner Besuche ausschied.

Der Sonntag

Als ich des Morgens kam, traf ich ihn völlig erschöpft an. Er war in der Nacht fünfmal auf dem Topf gewesen. Er zitterte in den Händen und um den Mund. Er sagte: „Die Schwestern sind so gleichgültig.“ Er gestattete nur, das Gebiß zu säubern, kein Rasieren, kein Nägelsaubermachen. Er hatte kein Fieber, dennoch ließ er sich Kompressen auf die Stirn machen.

Ich hatte noch einmal mit der Schwester auf der Station gesprochen. Ich hatte versucht, mich verständlich zu machen, daß er etwas anderes zu essen brauche als den Pudding, den ich ihm mitbrachte. An diesem Sonntagmorgen hatte die Diätküche extra für ihn eine anregende Suppe nach oben geschickt. Als er sie probierte, stellte sich heraus, daß es eine geschmacklose Schleimsuppe für Magenkranke war. N. aß 4 Löffel davon und sagte: „Aus Pflichtbewußtsein.“ Ich war tiefbetroffen über die Gleichgültigkeit der Station. Niemand merkte, was mit N. geschah. Ich versuchte vergeblich, mich verständlich zu machen. Die medizinischen Daten waren in Ordnung, alles war o. k., nur N. bereitete sich aufs Sterben vor, und man merkte es nicht.

N. sagte: „Wenn du gehst, fressen mich die Dämonen auf.“ Er wollte mich dahalten, als ich gehen mußte. Er sagte, er habe furchtbare Träume. Ich fragte ihn danach. Er schilderte: „Männer dringen auf mich ein. Du kommst wie eine milde Frau und hilfst mir, aber wenn ich wach werde, bist du nicht da.“

Am Nachmittag sprach er fast nichts, verlangte zweimal auf den Topf, ergebnislos. Er hatte gelbe Ohren, er war ganz abgemagert. Er hat die Hände eines Greises, scharf hervortretende Schienbeine. Er schlief etwas besser. Gegen Abend wirkte er sehr schlecht, er sprach fast nichts mehr. Er schien verwirrt zu sein. Er wußte nicht mehr, ob er Stuhlgang gehabt hatte. Er verlangte ununterbrochen auf den Topf. Er führte Sätze nicht zu Ende. Er fragte nach den Kindern. Er hatte Schluckauf, er zitterte. Er aß drei Löffel Suppe und vier Löffel Pudding. Eine freundliche

Schwester legte ihm Molton unter und sagte, er solle ruhig etwas ins Bett machen, er brauche sich nicht zu fürchten; das ständige Auf-den-Topf-Gehen strenge ihn zu sehr an.

Wieder fiel mir auf, daß er seit zwei Tagen sehr wenig uriniert hatte. Er hatte auch sehr wenig getrunken. Das, was ich ihm mitbrachte, wies er zurück. Er war apathisch und kraftlos.

Und dabei sah nach außen hin alles noch so harmlos aus, so geregelt, so normal. Keine Infusionen, kein Sauerstoff, kein Monitor. Blumen im Zimmer.

Die Schwester hatte gemerkt, daß er sehr erschöpft war. Hatten es die Ärzte gemerkt? Hatten sie sich Gedanken darüber gemacht? Ich glaube, an jenem Wochenende war der Chefarzt nicht im Krankenhaus.

Der Montag

Ich fuhr mit großer Sorge zu ihm. Aber als ich durch den Gang schritt, schaute mich niemand bedeutsam an, keine Schwester sprach mit mir, niemand wandte sich ab, als ich vorbeikam. Es war alles wie sonst, harmlos. Es war so, als ob nichts wäre. Das Zimmer war hell, als ich eintrat. N. erkannte mich, er erzählte etwas schwer Verständliches. Eine Ärztin sei in der Nacht gekommen und habe seine Lunge untersuchen wollen. Er habe Heißhunger gehabt, die Ärztin wollte für ihn ein Stück Kuchen aus der Küche haben, es gab aber keins. N. sagte: „So sind die Menschen.“ Dabei schaute er mich mit tiefliegenden, hoffnungslosen Augen an, als ob er mir über die Menschen etwas ganz Wichtiges, Einmaliges, neu Entdecktes mitzuteilen hätte. Dann verlangte N. zu urinieren, mehrmals. Einmal machte er einen Teelöffel voll. Er hatte Hunger und befahl mir, ihm etwas zu geben. Er aß drei Löffel Kompott und vier Löffel Pudding. Ein bißchen Pudding ließ er sich noch öfter reichen. Dann phantasierte er unverständlich im Traum. Als der große, blonde Arzt hereinkam, sprach N. aber wieder laut und konzentriert. Merkte der Arzt nichts? Er nahm N. Blut ab. Ich dachte: „Wozu, er stirbt doch, was quält man ihn?“ Ich suchte einen Vorwand, um das Zimmer zu verlassen. Ich wollte wissen, wie es um N. stünde.

Schließlich fand ich den großen, blonden Arzt, und dann geschah es mir, das einzige Mal, daß ich in Tränen ausbrach und vor Schluchzen nicht sprechen konnte. Ich sagte: „Er stirbt ja." Der Arzt schaute mich an, als ob ich ein Sakrileg begangen hätte, im Krankenhaus zu weinen, an jenem Ort, wo jeder sich zusammenzunehmen hat, da jeder gesund wird, da niemand Schmerzen leidet, wo sich kein Schicksal entscheidet. Ich war ihm lästig, diesem Arzt, ich merkte es wohl. Ich fühlte mich doppelt so alt wie dieser junge Mensch, aber ich wurde von ihm behandelt wie eine lästige und klebrige Unzurechnungsfähige. Er zwang mich, dreimal zu wiederholen: „Aber er stirbt ja", weil er angeblich mich nicht verstehen konnte. Er schaute mich an, als ob ich verrückt wäre. Er fuhr mich an, von Sterben könne überhaupt nicht die Rede sein. Er ließ ärgerlich sein ganzes ärztliches Wissen über mich aus. Was könne ich denn von einem Kranken, der so ausgetrocknet sei, anderes erwarten. Das EKG sei am Samstag in Ordnung gewesen, das Herz habe sich stabilisiert. N. sei eben ausgetrocknet und habe hohes Fieber gehabt.

Zugleich war der Arzt aber doch beunruhigt. Er ging mit mir auf N.s Zimmer zu. Ich versuchte, mich verständlich zu machen. Ich sei nicht der Meinung, daß N. in den nächsten Minuten stürbe, aber ich sei der Meinung, daß N. völlig verändert sei und daß der Tod dicht bevorstände. Ich versuchte verzweifelt, mich diesem Halbgott auf seinem olympischen Thron verständlich zu machen.

Schließlich kam die junge Ärztin dazu. Ich wandte mich an sie. Ich fragte sie, ob sie nicht auch der Meinung sei, daß N. völlig verändert wäre. Sie unterbrach mich und fragte, ob ich wohl Urin ausgeschüttet habe. Ich sagte: „Aber nein, nein", weil mir ja die Bedeutung des Urinsammelns klar war. Aber sie glaubte mir nicht, sie sagte wie zu einem dummen Gör: „Sagen Sie doch nicht ‚nein, nein', denken Sie doch nach." Dann sprach sie zu dem jungen Arzt, sie wisse auch nicht, was sei, sie habe noch nicht bilanzieren können.

Noch einmal versuchte ich mich in meiner Angst verständlich zu machen. Ich fragte sie, ob sie die Ärztin wäre, die in dieser Nacht zu N. gekommen sei. Sie stimmte zu, und ich hakte erleichtert ein und sagte, „Wissen Sie, daß er Sie nicht erkannt hat?" Sie wies meine Bemerkung zurück und sagte: „Wie sollte er auch, es war ja auch dunkel im Zimmer." Aber ich konnte mir nicht vorstellen, daß es im Zimmer ganz dunkel gewesen war. Wieder fühlte ich mich zurückgewiesen, als eine dumme, ängstliche Pute behandelt. Die Ärztin berichtete, sie habe N. diese Nacht husten hören und sei von der Intensivstation zu ihm herübergegangen, um nach ihm zu schauen. Sie spielte die ganze Angelegenheit herunter und sagte, N. habe nur Heißhunger gehabt. Sie sagte es in einem Ton, wie man von einem gesunden Baby erzählt, das vor Hunger gebrüllt habe.

Ich hatte den verzweifelten Versuch unternommen, mich zwei Ärzten verständlich zu machen, ihnen zu sagen, daß N. im Sterben läge. Ich war zurückgewiesen worden. Niemand hatte mich verstanden, keiner hatte hören wollen.

Am Nachmittag traf ich den Chefarzt bei N. Der Chefarzt machte ihm klar, daß er wieder auf die Intensivstation müsse. Der Chefarzt sprach ruhig und vernünftig. N. hing schon wieder am Dauertropf, er sah furchtbar schlecht aus, er bekam einen Katheter für den Urin. Ich konnte kaum bei ihm sein, weil so viel mit ihm gemacht wurde.

Draußen sprach mich der Chefarzt an. Er sagte, EKG und Kreislauf seien in Ordnung, N. habe auch kein Fieber, aber es bestünde eine totale Niereninsuffizienz und eine Leberschädigung. Beides seien alte Befunde. Bei der Einlieferung seien die Harnstoffwerte bei 100 gewesen. Wenn die Nierenfunktion nicht wieder in Gang komme, müßten sie eine Dialyse machen. Die künstliche Niere sei aber kreislaufbelastend und könne nicht in der Intensivstation gemacht werden. Er glaube deshalb, mit einer Peritonealdialyse helfen zu können.

Am Abend war ich noch einmal kurz bei N. Er war schlafend. Er erkannte mich einen Augenblick, verlangte auf den Topf, versank wieder in Schlaf. Er bekam einen Dauertropf in den linken Arm und in die Stirn. Der rechte Arm war bandagiert, außerdem hatte er einen Urinkatheter und zusätzlich Sauerstoff. Mir ging durch den Sinn: „Ich aber bin ein Wurm und kein Mensch mehr." N. sprach im Schlaf und war unruhig. Er sah schreckenerregend aus. Ich las, daß der Harnstoffwert bei 154 stand. Man teilte mir noch mit, daß das Marcumar abgesetzt wurde, da das Resultat bei N. nicht zu steuern gewesen sei.

Der Dienstag

Ich kam am frühen Morgen in die Intensivstation. N. sah sehr schlecht aus, gelblich-grau. Die tüchtige Ärztin sah mich, als ich hineinging. Sie sagte: „Es geht ihm heute nicht gut. Die Niereninsuffizienz beherrscht das ganze Bild." Sie sagte: „Es geht ihm nicht gut" – und ich erwartete stündlich seinen Tod. Die EKG-Ableitung kam mir sehr flach und unregelmäßig vor. N. nahm kaum Anteil, hatte eine klanglose, bellende Stimme. Zum Teil sprach er Unverständliches vor sich hin. Vielleicht sprach er auch manches im Delirium. Er nahm allerdings genau die Putzfrauen wahr, er war sehr erregt. Er sagte, er möchte sie nicht sehen, ich solle sie aus dem Zimmer entfernen. Sie seien ihm unerträglich. Ich versuchte ihn zu beruhigen.

Dann sagte er, ich solle sofort hinausgehen, wenn man mit einem Apparat käme oder wenn ein Arzt einträte. Er ertrüge es nicht, wenn ich hinausgeschickt würde.

N. fragte: „Fahren die Kinder morgen fort?" Er wußte, es war Ferienbeginn. In ein paar Stunden würden die Kinder mit ihren Zeugnissen nach Hause kommen. Ich erzählte ihm, was die Kinder vorhatten. Mirjam wollte ihn vor ihrer Abreise noch einmal besuchen. Er sagte, nein, sie solle nicht kommen.

Ich fragte, ob er Schmerzen habe. Er hatte keine Schmerzen. Aber ich hatte kaum noch Kontakt zu ihm. Seltsam blieb sein militärisches Sich-zusammen-Nehmen gegenüber den Ärzten und Schwestern. Als er wieder einmal verlangt hatte, auf den Topf gesetzt zu werden, vergeblich, wie seit mehreren Tagen, kam ein unpersönliches, geschäftsmäßiges „danke" von ihm, so als ob er versuchte, krampfhaft die Anstandsregeln zu wahren.

Er wollte nichts essen und nichts trinken. Bevor ich ging, fragte er noch einmal, was der Rechtsanwalt sagte. Ich antwortete: „Du brauchst doch keine Angst zu haben." Ich versuchte, ihm gut zuzusprechen. Als ich ging, hob er leicht die Hand.

Das Glied

Am Vorabend des letzten Tages war von neuem ein Katheter gelegt worden. Ich war für N. froh darüber, weil ich seine Angst kannte, das Bett schmutzig zu machen. Dadurch war ich in den letzten zwei Tagen nicht mehr damit befaßt, ihm die Flasche zu geben. Kein Urintropfen lief mehr in den Auffangbeutel. Die Niereninsuffizienz war total, aber schon zwei bis drei Tage vorher war mir aufgefallen, daß das Glied so winzig geworden war, so klein, daß ich es kaum noch greifen konnte, um es in den Flaschenhals zu legen. Während es normalerweise tief in den Flaschenhals hineinstieß, ruhte es jetzt auf dem Rand auf. Dieses winzige Stümpfchen Glied, es rührte mich ganz besonders an. Ich fühlte Erbarmen darüber in mir, Abschied, Hoffnungslosigkeit.

Die Hände

Schon am Montag, als ich sah, daß N. sterben würde, waren mir seine Hände aufgefallen. Sie waren gelblich-blau und hatten ungewöhnliche Ausmaße angenommen. Sie waren geschwollen. Die einstmals zarten Finger waren prall und steif. Die Hände waren zu Pranken geworden, die zum Greifen und Annehmen nicht mehr tauglich waren.

In der zweiten Woche seiner Erkrankung hatte ich beobachtet, daß seine Hände blaue Verfärbungen hatten und offensichtlich geschwollen waren. Wenn auch nicht in dem Ausmaß wie in den Tagen seines Sterbens. Ich machte den Chefarzt darauf aufmerksam, er nickte und sagte, das wäre wohl Gicht. N. tat mir damals so leid mit diesen geschwollenen Händen. Sein ganzes Elend drückte sich darin aus. Jetzt, in den Tagen des Sterbens, ging ein Entsetzen von diesen Händen aus, etwas wie eine Enteignung, wie eine Entfremdung, wie ein Nicht-zugehörig-Sein. Etwas ungemein Bedrohliches, Unbekanntes, Schreckenerregendes.

Das Aufstoßen

Schon am Montag war mir aufgefallen, daß N. immer wieder von einem lästigen Aufstoßen befallen wurde. Er sagte nichts dazu, ich wußte aber, daß dieses Aufstoßen sehr quälend sein konnte. Auch hatte ich gehört, daß es oft das Sterben begleitet.

Er kam mir dabei besonders hilflos und leidend vor. Eine Schwester trat an sein Bett, es war die schlanke, dunkelhaarige, die ich besonders gern mochte und deren Namen ich nicht kannte. Sie sagte, wie zu sich selbst: „Jetzt hat er auch noch Aufstoßen!" Es klang traurig und voller Mitleid. Ich weiß nicht, ob N. diese Bemerkung wahrnahm, mir hat diese Anteilnahme gut getan.

Der Anruf des Chefarztes

Mirjam kam aus der Schule nach Hause. Sie war zufrieden mit ihrem Zeugnis. Auch der Vater würde sich darüber freuen. Das Telefon klingelte, ich meldete mich. Der Chefarzt war am Apparat. Ich sagte: „Ist es soweit, soll ich in die Klinik kommen?" Er sagte, nein, er habe etwas anderes zu besprechen. Er habe mir am Abend zuvor von der Peritonealdialyse gesprochen, aber alle Nierenfachleute, mit denen er heute telefoniert habe, hätten gesagt, in diesem Fall würde die Peritonealdialyse nicht ausreichen, der Patient müsse an eine künstliche Niere angeschlossen werden. In ihrem Krankenhaus gäbe es keine künstliche Niere. Er hätte aber in einer anderen Klinik einen Platz an einer künstlichen Niere freimachen können, ob ich mit der Verlegung von N. einverstanden sei. Ich sagte: „Sie Ärzte können zu viel." Er sagte: „Ja, dieser Vorwurf wird uns immer wieder gemacht." Ich sagte: „Ich bin nicht damit einverstanden, aber N. ist ja bei Bewußtsein, fragen wir ihn. Bitte warten Sie damit, bis ich im Krankenhaus bin." Ich würde in einer knappen halben Stunde bei N. sein und auf jeden Fall bei ihm bleiben, auch wenn er verlegt würde, damit er sich nicht fürchte.

Nun hatte ich die Aufgabe, der 12jährigen Mirjam zu sagen, daß sie meine Termine absagen müsse und daß es um den Vater sehr schlecht stünde. Wir weinten beide bitterlich, dann ließ ich das Kind allein zu Hause zurück für eine Aufgabe, die zu schwer für es war. Es gelang ihr nicht, alle Termine für mich abzusagen. Sie klebte einen Zettel an meine Haustür. Sie hatte darauf geschrieben: „Frau N. ist im Krankenhaus bei ihrem Mann. Es konnten leider nicht alle Termine für heute nachmittag abgesagt werden. Ich bitte vielmals um Entschuldigung. Ihre Mirjam."

Die Mitteilung

Ich fuhr zum Krankenhaus, ich fand einen Parkplatz, ich ging durch die Halle, wie ich vier Wochen lang durch die Halle gegangen war. Ich kam in die Intensivstation. Jetzt setzt für einige Momente meine Erinnerung aus. Ich sehe mehrere Ärzte und Schwestern im Vorraum. Wer sagte mir, daß N. nicht transportabel sei? Wer teilte mir mit, daß man N. schon gesagt habe, er müsse in ein anderes Krankenhaus verlegt werden? Er habe sein Einverständnis gegeben, aber der Kreislauf sei jetzt so schlecht, daß man ihn nicht mehr transportieren könne. Ich trat zu N., er sah sehr schlecht aus, seine blauen, gedunsenen Hände waren noch dicker geworden, das Gesicht war verquollen, die Haut mit naßkaltem Schweiß bedeckt, die Hände selbst kalt, sie gehorchten ihm nicht mehr. Er sprach kaum etwas, mußte wiederholt auf den Topf. Der Blutdruck war abgefallen bis zu nicht meßbaren Werten. Buchstäblich jede Minute kam ein Arzt herein und fühlte nach dem Puls und nach dem Blutdruck. Ein Arzt nach dem anderen, ich hatte sie zum Teil noch nie gesehen. N. lag meistens still da und ließ alles über sich ergehen. Ich war mir nicht sicher, ob er immer bei Bewußtsein war, aber zwischendurch gab er mir Anweisung, daß ich alles zum Abtransport richten solle. Er wies vor allem auf seine Uhr, die nach wie vor über ihm hing. Wieder bemerkte ich jene Zeichen von Heimtücke, die mir schon ein paarmal während seiner Erkrankung begegnet waren, so als ob er jemandem, der es auf seine Uhr abgesehen habe, die Uhr im letzten Moment entziehen wolle. Ich verstand sein Verhalten so, als ob er alles, was ihm zu eigen war, zusammenhalten müsse, als ob er spüre, daß eine fremde, unbekannte und unwillkommene Macht ihm sein Eigen nehmen wollte. In Wirklichkeit aber griff der Tod nach seinem Leben.

Der Hubschrauber

N. verlangte, in das andere Krankenhaus gebracht zu werden. Die Ärzte standen ratlos im Vorraum, ein Notarztwagen wurde angefordert. Irgend jemand aus dem Notarztwagen weigerte sich, den Kranken zu transportieren. Er sagte, die Straßen seien verstopft. Er schlug vor, einen Hubschrauber anzufordern. Es wurde ein Hubschrauber angefordert, wir warteten.

Die trauernden Engel

Schließlich kamen welche, die schoben N. aus dem Zimmer hinaus, in dem er so lange gelegen hatte. Einige Schwestern standen stumm herum. N. sagte laut und vernehmlich: „Auf Wiedersehen." Ich sah, wie sie zusammenzuckten und seinen Gruß erwiderten. Er nahm wieder Haltung an, er wollte die Würde wahren.

Wenn ich mich recht entsinne, so begleiteten ihn alle Ärzte zum Ausgang, zu der Notaufnahme, in der es vier Wochen zuvor begonnen hatte. Die Ärzte schoben das Bett, auch die mir unbekannte, wunderschöne Krankenschwester war dabei, sie gingen schweigend, die weißen Mäntel bewegten sich. Sie sahen aus wie trauernde Engel. Es lag Trauer über dem ganzen Zug, namenlose Trauer.

Und dann warteten wir in der Notaufnahme. Es war dort still, niemand verlangte nach Hilfe. Die Ärzte standen abseits, nur die tüchtige Ärztin und ich standen bei N. Er verlangte noch einmal auf den Topf. Wir beide versuchten, ihm auf den Topf zu helfen. Wir wußten beide, daß es erfolglos sein würde, eine unnötige Quälerei und Anstrengung für den Sterbenden, aber wir willfahrten seinem Wunsch. Als wir versuchten, N. vom Topf zu heben, sah niemand unsere Bemühungen. Wir beiden Frauen waren nicht kräftig genug. N. selbst konnte sich nicht mehr hochstemmen. Ich war nicht fähig, jemanden um Hilfe zu bitten, aber ich war fassungslos, daß 2 m von uns entfernt so viele Ärzte standen und nicht sahen, was mit dem Kranken geschah. Schließlich wurde die tüchtige Ärztin ärgerlich. Jemand griff zu.

N. lag wieder still in seinem fahrbaren Bett. Wieder kamen die Ärzte, wieder maßen sie den Blutdruck.

Ich sah dem Chefarzt an, daß er den Kranken nicht für transportfähig hielt. N. murmelte irgend etwas vor sich hin, wann es denn endlich losginge. Der Chefarzt ging darauf ein und sagte, er spüre sicher einen großen Druck im Leib, gleich würde es weitergehen. Wir standen uns gegenüber an beiden Seiten des Bettes. Über den Sterbenden hinweg sahen wir uns an. Ich nickte. Ich gab mein Einverständnis zu dem Transport. N. hatte ihn gewünscht, N. knüpfte noch eine Hoffnung daran.

Der Transport

Endlich kam die Nachricht, daß der Hubschrauber gelandet sei, es sei aber nur ein Behelfshubschrauber. Die richtigen Hubschrauber seien im Einsatz. N. wurde in seinem Bett ins Freie gefahren, es war ein brennend heißer Sommertag. Niemand dachte daran, den Sterbenden gegen die Sonne abzuschirmen. Er lag da in seiner Ausgetrocknetheit, wehrlos der Sonne ausgesetzt. Wir fuhren das Bett bis zum Hubschrauber, man sagte, N. könne nicht auf einer Bahre in den Hubschrauber gelegt werden, die Öffnung sei zu klein. Er mußte mit den Füßen voran hineingeschoben werden. Es war ein jämmerliches Bild. Offensichtlich war der Hubschrauber nicht dafür geschaffen, eine Bahre aufzunehmen. Es kommt mir so vor, als ob N. zusammengeklappt hineingeschoben worden wäre.

Zuvor aber sagte die tüchtige Ärztin, daß sie mitfliegen wolle, weil sie den Kranken kenne. Es gab ein längeres Palaver. Die Ärztin wurde darauf aufmerksam gemacht, daß sie nicht versichert sei. Dann wurde entschieden, daß sie mit mir im Auto nachfahren solle. Der Hubschrauberarzt würde allein die Betreuung übernehmen. Während wir noch vor dem Hubschrauber standen, landete ein zweiter Hubschrauber. Jemand sagte, wir müßten uns mit dem Rücken zu ihm drehen, weil er sehr viel Wind mache und Gras aufwirble. Für eine Minute wehte es wirklich wie ein Sturm über uns. Wir waren alle mit kleinen Grasstücken bedeckt. Auf N's nacktem Oberkörper, auf seiner verschwitzten Haut setzten sich die Grasstückchen fest. Als er starb, klebten ein paar immer noch auf ihm.

Bevor N. in den Hubschrauber gehoben wurde, gab ich ihm zu verstehen, daß ich bald wieder bei ihm sei.

Noch bevor der Hubschrauber startete, ging ich mit der tüchtigen Ärztin zu unserem Wagen. Nach 2 Minuten sahen wir, daß der Hubschrauber in der Luft war.

Ich fuhr durch die Stadt. Nach einer halben Stunde waren wir am Krankenhaus angelangt. Ich setzte die Ärztin ab und suchte einen Parkplatz.

Vorher hatte ich die Ärztin gefragt, auf welcher Station ich nach N. fragen müsse. Mir war im Krankenhaus die Nierenstation angegeben worden. Sie sagte aber, es sei anders angeordnet. N. werde zuerst auf der kardiologischen Intensivstation aufgenommen. Mir kam es nicht in den Sinn, ich war nicht fähig zu denken, daß wir etwas völlig Unsinniges getan hatten. N. war von einer kardiologischen Intensivstation auf die andere verlegt worden. Wozu der Transport, wozu der Hubschrauber, wozu der Abschied? Dieser Gedanke kam mir erst Tage, ja vielleicht Wochen später. An jenem Tag war ich nicht fähig, klar zu denken. Mir wurde nur erklärt, daß N. im Augenblick nicht an eine künstliche Niere angeschlossen werden könne, weil die Kreislaufbelastung für ihn zu groß sei.

Die fremde Intensivstation

Ich kam zu der Intensivstation, ich schellte, eine Schwester fragte nach meinem Begehr, sie wies mich an, draußen vor der Tür zu warten. Es sah aus wie in einer alten Schule, ungepflegt, hallende Gänge, abgerissene Leisten, abgenutzte, abgegriffene Türen, schmutzige Farben. Ich saß auf einem abgeschabten Holzstuhl und wartete. Nach einer halben Stunde kam ein Pfleger von der ersten Intensivstation heraus. 10 Minuten später kam die tüchtige Ärztin, sie habe meinetwegen noch nicht mit dem Arzt gesprochen. N. werde gerade ärztlich versorgt, ich solle schon einmal in die Intensivstation hineingehen. Es war mir gelungen, im Laufe der ersten halben Stunde 2 m näher an N. heranzukommen. Abermals wartete ich, dieses Mal nicht vor der Tür der Intensivstation, sondern innen im Vorraum. Ich wußte nicht, wo N. lag. Viele Türen führten in den Vorraum. Ich fühlte mich allein, hilflos, fremd und unvertraut. Eine Schwester fuhr mich an, was ich denn da zu suchen hätte. Ich verteidigte mich, daß eine Ärztin mir erlaubt hätte, einzutreten. Noch ein zweites Mal machte sie mir Schwierigkeiten. Ich nahm mir vor, wenn sie es ein drittes Mal versuchte, ihr zu sagen, es wäre nett, wenn sie freundlicher zu mir wäre, ich hätte es im Augenblick schwer genug. Aber es kam nicht mehr dazu. Wer mich dann in einen Seitenraum verwiesen hat, weiß ich nicht mehr. Er kam mir vor wie eine zweckentfremdete Küche mit großen Becken und einer

Küchenanrichte. Am Nachmittag stellte ich allerdings fest, daß in diesem Raum Operationen vorgenommen wurden. Ich saß da und wartete. Schließlich kam ein glattgesichtiger Arzt herein, stellte sich vor. Ich bat ihn, N. sehen und bei ihm bleiben zu dürfen. Er sagte, wenn N. versorgt sei, könne ich zu ihm gehen.

Ich muß versuchen, festzuhalten, zu welcher Zeit das geschehen ist. Ich war gegen 12 Uhr im ersten Krankenhaus, gegen 1 Uhr landete der Hubschrauber im zweiten Krankenhaus. Ich selbst wurde etwa 20 Minuten vor 14 Uhr zu N. vorgelassen. Die Zeit kam mir unendlich lange vor. Erst heute mache ich mir klar, daß ich nicht erwartet habe, N. werde unterwegs sterben. Ich hatte erwartet, mit ihm noch eine lange Zeit das Sterben tragen zu müssen. Ich war weder verwundert noch erleichtert, als ich auf der Intensivstation erfuhr, daß er lebend angekommen sei.

Endlich wurde ich zu ihm gelassen. Ich durfte etwa 20 Minuten bei ihm bleiben. Die Hände waren noch stärker geschwollen, sie waren weiß geworden und eiskalt. Schweiß stand ihm auf der Stirn, ich tupfte ihn immer wieder behutsam ab, war mir aber nicht sicher, ob es ihm recht war. Er erkannte mich, sprach viel und fast unverständlich. Seine Stimme war klanglos, fast wie ein Bellen, dann wurde ich hinausgeschickt. Ich könne jetzt nicht dort bleiben, es würde sehr lange dauern, bis sie mit ihm fertig wären. Was sie mit ihm machen wollten, weiß ich nicht. Es ist mir nicht gesagt worden.

In den 20 Minuten, die ich bei ihm sein konnte, war mir das EKG aufgefallen. N. war schon an einen Apparat angeschlossen. Es war ein anderer Monitor, als ich ihn vom ersten Krankenhaus her gewohnt war. Er gab ein richtiges, unverfälschtes EKG-Bild wieder, so wie es auf dem Papier vom EKG-Apparat festgehalten wird. Es fiel mir auf, daß der Puls bei 120 stand und die Ausschläge des Leuchtsternchens sich im ersten Quadrat bewegten. Später wurde mir klar, daß das ein ganz geringer Ausschlag sei, daß die Herztätigkeit sehr schwach war. Aber in dem Augenblick, als ich diese Beobachtung machte, wußte ich nicht, was sie bedeutete.

Als ich hinausgewiesen wurde, sagte ich den Ärzten, daß ich eine Stunde spazierengehen würde. Ich würde um 15 Uhr wieder da sein.

Es war ein strahlend schöner, warmer Tag. Ich ging erstarrt durch die Gänge, durch die Pforte. Dann kam mir aber der Gedanke, an der Pforte zu fragen, ob sie mir Auskunft über einen Patienten geben könnten, eben über den, der bei dem Unfall mit N. beteiligt gewesen war. Der Mann an der Pforte willfahrte meinem Wunsch. Er schaute nach, er teilte mir mit, daß der Patient drei Wochen zuvor gesund entlassen worden sei.

Ich bin mir nicht sicher, mit welchem Gefühl ich diese Nachricht aufnahm. Ich hätte erleichtert und glücklich sein müssen, aber ich glaube, ich war zu keiner Reaktion fähig. Dann erkundigte ich mich nach einer Telefonzelle und rief Mirjam an. Ich sagte ihr, daß ich länger bei N. bleiben würde. Es ginge ihm sehr schlecht. Das Kind hatte beim Telefon geschlafen, es hatte eine Stunde lang geweint.

Ich setzte mich die übrige Zeit auf eine Bank im Schatten. Ich saß dort völlig ruhig und hoffte, daß es 3 Uhr werden würde, daß ich wieder zu N. könne. Um 3 Uhr ging ich langsam auf das Krankenhaus zu. Ich ging den Gang entlang, ich ging die Treppe hinauf, ich überholte eine Frau, die schwer atmend einen Beutel nach oben trug. Es war eine Patientin, sie tat mir leid. Ich nahm ihr den Beutel ab, ich versuchte, ihr die Treppe hinaufzuhelfen. Sie machte mir einen schlechten Eindruck, ich fragte sie, wo sie läge, ich wolle ihr den Beutel mit den Flaschen dorthin tragen. Dann plötzlich merkte ich, daß sie schwankte. Ich konnte es nicht mehr verhindern, daß sie hinfiel, sie fiel dicht vor zwei bis drei anderen Kranken, die auf einer Bank saßen, hin. Niemand kam, ihr zu helfen. Ich vermochte allein die Kranke nicht aufzurichten. Eine Schwester kam hinzu. Zu zweit gelang es uns. Wir geleiteten sie zu ihrem Bett. Die Schwester war rührend besorgt. Es tat mir so gut, mit welcher Lebendigkeit sie auf die alte, kranke Frau einging, mit welcher natürlichen Herzlichkeit und Fürsorglichkeit für einen kranken Menschen gesorgt wurde. Ich war noch dabei, wie sie eine Ärztin rief und sagte: „Kommen Sie doch bitte nach unserer Frau X gucken, sie ist gerade hingefallen, es geht ihr nicht gut."

Ich ging weg, seltsam berührt von der Erfahrung der Fürsorge und Anteilnahme. Ich wurde in die Intensivstation eingelassen, ich durfte mich wieder an der Tür hinsetzen und warten, daß ich zu N. vorgelassen würde. Diesmal war der Professor im Vorraum, er sagte, er werde mit mir sprechen. Nach einigen Minuten kam er auf mich zu und sagte: „Gnädige Frau, Sie wissen, daß es um Ihren Mann nicht gut steht."

Das war das einzige Mal im Krankenhaus, daß ich als „gnädige Frau" angesprochen wurde. Trotz meiner Erstarrung merkte ich, wie es mir gut tat. Obwohl mir der Ausdruck auch schon ungewohnt ist, hat er mich gefreut. Ich war nicht irgendwer, nicht irgendein dahergelaufenes Gör, das Theater um seinen sterbenden Mann machte. Ich wurde ernst genommen. Vielleicht gab mir diese Anrede den Mut, endlich das Versteckspiel aufzugeben. Ich sagte: „Herr Professor, ich weiß seit zwei Tagen, daß mein Mann sterben muß. Ich bitte nur darum, bei ihm sein zu dürfen. Ich werde ihn gewiß nicht belasten."

Der Professor gab mir die Erlaubnis. Er sagte, sie wollten aber noch einmal versuchen, sein Herz zu kräftigen. Ich bat: „Tun Sie es nicht, quälen Sie ihn nicht länger." Der Professor legte seine Hand auf meinen Arm. Er sagte, nein, er würde ihn nicht quälen.

Die letzte Stunde mit N.

Ich durfte zu N. gehen. Ich setzte mich rechts neben sein Bett und sprach leise und ruhig mit ihm. Er war sich bewußt, daß ich da war. Als die Schwester den neuen Dauertropf mit dem Herzstärkungsmittel anhängte, bemerkte ich, daß sein Pulsschlag auf 140 stand. Nach wenigen Minuten sah ich, daß der Funken auf dem EKG sehr viel weiter ausschlug. Er schlug jetzt drei bis vier Quadrate hoch. Dann wurde N. unruhig und tastete nach den Infusionsschläuchen und hatte einen von den Verschlüssen in der Hand. Er verlangte von mir, ich solle das ganze abstellen und die Infusionsnadel aus seiner Brust herausziehen. Er verlangte das in einer kurzen, fordernden Art, immer wieder und hartnäckig. Ich wäre doch sonst nicht so ängstlich. Er wurde ärgerlich, fast böse, als ich seinem Willen nicht nachkam. Nach einer Weile sah ich, daß die Infusion nicht mehr lief. N. hatte den Schalterhebel trotz seiner geschwollenen Hände selbst umgelegt. Ich rief die Schwester und bat sie, nach der Infusion zu schauen. Die Schwester legte den Hebel wieder um und verließ uns. Ich saß immer noch rechts von N. Dann wurde er aber so unruhig, daß ich seine rechte Hand halten mußte. Er wehrte sich so lebhaft, daß ich auf die andere Seite hinübergehen mußte, um mehr Kraft zu haben, seine Hand festzuhalten. Er wollte die ganze Zeit, weil ich es nicht für ihn tat, die Infusionsnadel aus der Brust reißen. Er regte sich sehr auf, daß ich seine Hand festhielt. Er wurde sehr böse und ärgerlich auf mich. Ich konnte aber nicht alles verstehen, was er sagte. Es war ein ständiger, hartnäkkiger, fast heimtückischer Kampf zwischen uns beiden. Ich versuchte, ruhig mit ihm zu sprechen. Ich sagte, ich könne ihm den Wunsch nicht erfüllen. Wir sollten doch über etwas anderes sprechen.

N. wirkte verwirrt. Er sagte, es müsse doch schon $^1/_2$5 Uhr sein. Jetzt stecke die Nadel doch schon 10 Minuten drin, jetzt könne sie endlich herausgenommen werden. Vielleicht spielte er damit auf etwas an, womit ihn die Ärzte beruhigt hatten, daß es nur für 10 Minuten sei. Ich weiß es aber nicht. Auf jeden Fall spielte diese Zeit eine große Rolle für ihn. Als er die Zeit 16.30 Uhr erwähnte, sagte ich, nein, es sei erst 10 nach 4 Uhr. Es traf auch zu. Daher weiß ich, wie spät es war. Ich sagte zu N., als er wieder einmal fast bösartig aufforderte, ihn endlich freizugeben, er wolle endlich frei sein und ich solle endlich die Infusionsnadel aus seiner Brust nehmen, ob er denn sterben wolle?

Ich hätte ihm so gerne gesagt, daß er sterben müsse, daß der Tod dicht neben ihm sei, aber ich wußte, ich würde dann in Tränen ausbrechen, ich würde ihn tief beunruhigen, ich würde ihm den Halt und die Zuversicht nehmen, die ich ihm im Augenblick sein konnte. Er wurde sehr ärgerlich über meine Frage und sagte: „Ach was, ach was."

Es klang mir die ganze Zeit in den Ohren, daß er sagte, er wolle endlich frei sein. Das war eines seiner letzten Worte. Kurze Zeit danach kam ein fremder Arzt herein, und ich sagte ihm, daß er ständig versuche, sich die Infusionsnadel herauszuziehen. Er sagte, dann müsse die Hand eben fixiert werden. Nein, sagte ich, ich möchte ihn lieber festhalten, das sei menschlicher. Ach, meinte der Arzt, das sei doch nicht praktikabel, ich könne doch nicht die ganze Zeit dableiben. Ich sagte, aber gewiß könne ich das. Kurz danach wurde ich wieder hinausgewiesen, es muß noch nicht ganz $^1/_2$5 Uhr gewesen sein. Ich sagte, daß ich eine halbe Stunde nach draußen gehen und mich dann wieder melden werde.

Ich ging abermals nach draußen, der Nachmittag war immer noch voll strahlender Sonne. Ich suchte im Auto nach etwas Trinkbarem. Mir fiel ein, daß ich den Tee, den ich für N. bereitet hatte, noch im anderen Krankenhaus ausgeleert hatte. Ich ging dann in eine Restauration beim Krankenhaus, setzte mich dorthin, verlangte eine Flasche Sprudel. Ich legte meine Füße auf einen anderen Stuhl. Ich saß dort still und stumm. Ich trank einen Schluck; obwohl ich an dem Tag kaum etwas gegessen hatte, verspürte ich keinen Hunger. Auch war ich eigentlich nicht durstig. Ich saß die ganze Zeit und dachte und dachte. Mein einziger Gedanke war: „Laß ihn sterben, bitte, laß ihn sterben." Ich betete es nicht, ich dachte es nur. Zu einem anderen Gedanken war ich nicht fähig. Mir kam nicht in den Sinn, daß N. in dem Augenblick schon tot sein könne, ich hatte keine Angst davor, wenn ich wiederkam, ihn nicht mehr am Leben anzutreffen. Ich saß nur da und sagte: „Laß ihn sterben." Die Qual dieses Sterbens war so groß, daß ich sie ihm gerne verkürzt hätte. Um 5 Uhr ging ich langsam nach oben und schellte um 5 Minuten nach 5 Uhr an der Intensivstation. Man ließ mich zwar hinein, ließ mich aber nicht zu N. Zwischendurch kam einmal der glattgesichtige Arzt vorbei. Ich fragte ihn: „Was machen Sie eigentlich noch mit meinem Mann?" Er sagte: „Ja, er muß ja auch einmal gebettet werden, und er braucht neue Infusionen."

Ich weiß nicht, was sie mit N. gemacht haben. Sie waren also schon weit über eine Stunde mit ihm beschäftigt. Der glattgesichtige Arzt gab mir unmißverständlich zu verstehen, ich könne über Nacht nicht hierbleiben, ich könne am Abend noch einmal wiederkommen, aber es sei ausgeschlossen, daß ich im Krankenhaus bliebe. Ich sagte, ich möchte aber dabei sein, wenn er stürbe. Der Arzt meinte, das Herz habe sich gebessert. Mir fuhr ein Schreck durchs Gemüt. Er sagte, ich könne danach zu N. gehen, dann müsse ich aber das Krankenhaus verlassen. Es sei bei ihnen nicht üblich, sie könnten keine Angehörigen über Nacht dabehalten. Ich fügte mich, ich sagte, ich wolle ihn noch einmal sehen, dann würde ich nach Hause zu meinen Kindern fahren und eventuell am Abend noch einmal wiederkommen.

Der Arzt sagte: „Es ist ungewöhnlich, daß Sie beim Sterben dabei sein wollen. Die meisten Angehörigen vermeiden es." Er meinte es anerkennend, wollte mir aber die Erfüllung meiner Wünsche zur gleichen Zeit unmöglich machen.

Ich frage mich heute, warum ich mich nicht heftiger zur Wehr gesetzt habe. Ich hätte mich auf den Professor berufen können, den ich so verstanden hatte, daß ich bei N. bleiben dürfe. Es gab keinen medizinischen Grund, mich von N. fernzuhalten, es gab keinen Grund, außer der Bequemlichkeit und der Ordnung. Vielleicht aber auch wußte ich, daß die Auseinandersetzung mit dem Arzt nicht mehr notwendig sei. Ich weiß es nicht.

Abermals saß ich da, schaute zu seiner Türe hin, konnte nicht zu ihm. Eine Schwester fragte mich, ob ich einen Geistlichen wünschte. Ich sagte: „Ja." Sie sagte, sie würde ihn am Abend kommen lassen. Ich gab ihr meine Adresse und Telefonnummer und bat sie, mich auf jeden Fall zu benachrichtigen. Nachträglich schließe ich daraus, daß die Schwestern und Ärzte mit dem raschen Tod von N. nicht gerechnet hatten.

Der Tod

Es war um 10 Minuten vor 6 Uhr; nachdem ich fast 90 Minuten gewartet hatte, kam der glattgesichtige Arzt und sagte, ich könne nun kurz zu N. gehen. Ich ging durch den Vorraum, ich öffnete die Tür. Als ich eintrat, leuchteten seine Augen auf, er sagte: „Endlich bist du da", und verlangte abermals von mir, die Infusionsnadel aus seiner Brust herauszunehmen. Er wechselte zwischen Erkennen und Verwirrtheit, genau so wie in den letzten Stunden. Ich setzte mich wieder rechts von ihm hin, das heißt, ich saß also an seiner linken Seite. Ich erinnere mich nicht, daß wir noch ein Wort gewechselt hätten. Ich war höchstens eine Minute bei ihm, dann bemerkte ich, wie seine rechte Hand heftig und unruhig und ängstlich und zerfahren über das Bettuch hin und herrieb. Ich kannte diese Bewegung, er hatte sie schon mehrmals ausgeführt, nicht aber mit einer solchen Heftigkeit, und ich wußte, daß das Sterben oft solche Formen annimmt. Gesehen hatte ich es allerdings noch nie. Ich stand auf, ich legte ihm die Hand auf die Stirn und sagte zu ihm: „Fürchte dich nicht, fürchte dich nicht." Ich hatte es ihm die ganze Zeit schon sagen wollen. Meinte ich den Spruch des Engels damit, der das Erschrecken der Menschen mit dem „Fürchte dich nicht" zu besänftigen versucht? Meinte ich jenes Wort: „Fürchte dich nicht, denn ich bin bei dir", meinte ich: „Fürchte dich nicht, ich habe dich bei deinem Namen gerufen, du bist mein"? Ich weiß es nicht, ich weiß es wirklich nicht. Wahrscheinlich ist mir all dies in dieses eine Wort hineingeflossen. Meine Hand lag auf seiner Stirn. Ich nahm sie weg, er war ruhig. Jetzt konnte ich seine Augen sehen, die ich durch meine Hand bedeckt hatte. Sie waren gebrochen. N. war tot. Sein Gesicht trug den Ausdruck des Entsetzens. Der Kopf war hintenüber geworfen, es war mir, als habe er erst in dieser Sekunde begriffen, daß er sterben müsse, und als ob er darüber sehr erschrocken gewesen sei.

Das alles spielte sich innerhalb einer Viertelminute ab. Draußen hatte eine Schwester die Unruhe des Sterbenden bemerkt, sie rief die Ärzte. Ich hatte gerade seine gebrochenen Augen gesehen, als sie hereinstürzten und mich schlechtweg hinauswarfen. Der glattgesichtige Arzt rief: „Gehen sie ganz schnell 'raus, gehen Sie ganz schnell 'raus!" Ich ließ mich hinauswerfen. Ich ließ mich zwingen, N. zu verlassen. Ich ging davon wie ein geprügelter Hund. Ich wußte, daß es Unrecht war, und konnte gegen dieses Unrecht doch nicht aufbegehren. Als ich N. verließ, sah ich, daß noch ein winziges Zucken über das EKG ging. Ich setzte mich abermals draußen hin, Tränen liefen mir über die Wangen. Eine Putzfrau säuberte den Raum, sie bohnerte, sie schaute ein paarmal zu mir herüber. Sie schwieg, sie sagte nichts, sie zeigte keine Anteilnahme. Sie tat ruhig ihre Arbeit, und doch wußte ich, daß sie nicht unberührt davon war, daß da eine Frau saß, der einfach die Tränen über die Wangen liefen. Aus N.s Zimmer stürzte ein fremder Arzt heraus, lief zu einem Schreibtisch, holte ein Medikament, ich sagte: „Lassen Sie ihn doch um Gottes willen tot. Was tun Sie denn, damit dieser Mann nicht sterben kann?" Was haben sie wohl gemacht? Ich weiß es nicht. Ich zog mein Notizbuch heraus, ich trug ein unter dem betreffenden Datum: 17.55 Uhr, ein Kreuz, das Zeichen des Todes, daneben N. Dann saß ich ruhig auf meinem Stuhl. Nach sechs bis sieben Minuten kam der glattgesichtige Arzt mit Beileidsmiene auf mich zu. Er reichte mir die Hand. Ich fragte ihn: „Ist es endlich vorüber?" Er sagte, ja, sie hätten ihm nicht mehr helfen können. Ich dürfe jetzt zu ihm gehen.

Ich durfte. Ich durfte. Was heißt das, ich durfte? War es nicht mein Recht, war es nicht der Anspruch, den ich hatte? Warum galt er in diesem Hause nichts? Warum meinte man, daß ein paar

Minuten Leben wichtiger seien als die Liebe? Ich werde nicht aufhören, dieses Recht zu fordern und gegen die Unmenschlichkeit des Krankenhauses zu protestieren.

Der Tote

Zum letzten Mal trat ich in das Zimmer. N. war tot. Er hatte sich ihnen entzogen, er war frei. Sie hatten ihm die Augen zugedrückt. Nicht einmal diesen Liebesdienst hatten sie mir überlassen, nicht einmal diese Liebe hatte ich ihm erweisen dürfen. Ich sah ihn an, sein Mund war weit geöffnet, sein Gesicht sah immer noch entsetzt aus, war bestürzt, war gelblich. N. war tot, er war fremd, er hatte sich völlig entzogen, er war ein anderer geworden. Dennoch war er ein elendes Häuflein Mensch.

Er fühlte sich noch ganz warm an, ich habe ihn auf die Stirn geküßt und habe versucht, seinen Mund zu schließen. Ich bat ihn, den Mund zuzutun, die Kinder würden sich sonst erschrekken. Aber er gehorchte meiner Bitte nicht mehr, er war unerreichbar für mich und doch noch so nah und so warm. Ich weinte und war trotzdem glücklich. Ich sagte ihm, ich wäre so glücklich, daß ich hätte bei ihm sein können, daß ich ihm hätte beistehen können, daß ich ihm hätte helfen dürfen und daß er es endlich überstanden habe. Ich glaube, ich weinte vor Glück und Trauer in einem. Ich blieb nur wenige Minuten bei ihm, drei, vier oder fünf Minuten. Ich wußte, ich mußte zu den Kindern. Ich hatte die ganze Zeit nicht an sie gedacht. Jetzt wurde ich unruhig. Ich nahm von ihm Abschied. Dann sprach ich mit der Schwester darüber, was ich für ihn noch tun könne. Sie sagte, ich könne nichts mehr für ihn tun. Ich wußte, im Krankenhaus war mir nicht gestattet, ihn zu waschen, ihn neu zu betten. Dann bat ich sie, sie möchte dafür Sorge tragen, daß das Kinn hochgebunden werde. Die Kinder würden sich sonst erschrecken. Sie versprach es, sie würde sich gewiß darum kümmern. Ich fragte nicht, ob ich N. am nächsten Morgen noch einmal sehen könne. Ich wußte, das war in den Krankenhäusern nicht möglich. Ich wußte, ich mußte darauf warten, bis er im Friedhof aufgebahrt werden würde.

Als mir der glattgesichtige Arzt kondolierte, hatte ich ihn gefragt, was nun mit N. geschehe, und er sagte, sie seien daran interessiert, eine Obduktion vorzunehmen. Ich lehnte ab. Wenigstens dieser Macht der Ärzte wollte ich N. entziehen. Ich wußte, daß auch ihm es nicht recht gewesen wäre. Wie so viele Ärzte reagierte auch dieser glattgesichtige Arzt verärgert. Er sagte, das sei meine Entscheidung. Mir wurde gesagt, N. werde jetzt aus der Station in den Leichenkeller gebracht, dort würde er vom Begräbnisamt abgeholt. Ich müsse morgen früh noch einmal ins Krankenhaus kommen, um die Urkunden bei der Sterbehilfe abzuholen.

Die Stunden danach

Wenige Minuten nach 6 Uhr verließ ich das Krankenhaus, ich ging zu meinem Auto, ich setzte mich hinein. Der Abendverkehr nahm mich auf. Irgendwann hörte ich einen Ruf von Mirjam: „Mutter!", und dachte, was mit dem Kind wohl sein möge. Aber in meiner Erstarrung bekam ich keine Angst. Da sah ich, daß Mirjam und Kerstin im Auto hinter mir standen und mir zuwinkten. Zuerst dachte ich, ich wollte ihnen Zeichen geben, an einer Straßenecke anzuhalten, damit ich ihnen sagen könne, sie hätten keinen Vater mehr. Aber ich bekam Angst, daß es zu einem Unfall käme. Ich winkte ihnen zu. Mirjam warf mir die ganze Zeit Handküsse zu. Später sagte sie, als sie mich im Spiegel gesehen habe, hätte ich ein versteinertes Gesicht gehabt. Eigentlich habe sie gewußt, daß etwas passiert sei. Wir kamen zu Hause an. Ich dachte: „Ich habe nicht mehr die Kraft, meinen Wagen spät am Abend noch wegzufahren." Ich fuhr in die Garage ein. Dann kamen die Kinder, als ich ausstieg. Ich hatte die Tüten in der Hand, das letzte, was ich von N. mitgenommen hatte, und sie fragten nach N. Wir haben alle geweint. Wir haben uns umarmt und lieb gehalten. Wir gingen ins Haus. Thomas kam die Treppe herunter, Kerstin sagte ihm: „Wir haben keinen Vater mehr." Thomas fing ebenfalls an zu weinen. Ich nahm ihn in die Arme. Sein Freund begriff, was geschehen war, und ging auf eine freundliche Weise still von dannen. Dann haben wir uns zusammengesetzt, und die tapfere Mirjam hat für Wein und Eis gesorgt. Wir haben Wein getrunken, den besten Wein, den wir im Keller hatten. Eine Flasche, zwei Flaschen, drei Flaschen. Wir haben geweint und geweint und haben von N. erzählt. Kerstin war voller Schuldgefühle. Sie hätte dem Vater öfter zeigen müssen, daß sie ihn mochte. Vielleicht hätte sie eine bessere Schülerin sein sollen. Mirjam ging hin und schaute in den Fotos nach. Sie wollte ein schönes Foto von N. sehen. Da erkannten wir, wie sehr sich N. im letzten Jahr verändert hatte. Wie jung und zufrieden sah er noch aus, als er vor einem Jahr fotografiert wurde. Ich erzählte den Kindern von seinem Tod. Dann kamen Ludwig und Valeria. Wir tranken N.s Geburtstagswein. Die Kinder gingen mit großer Tapferkeit ans Telefon. Wir benachrichtigten an dem Abend noch viele Freunde. Das Erschrecken war groß. Ich besprach mit den Kindern den Text der Todesanzeige. Ich sagte, daß wir zunächst im Haus alles unverändert lassen wollten. Wir hätten im Augenblick genug Geld. Was für finanzielle Entscheidungen wir einmal treffen würden, wollten wir gemeinsam beraten.

N. war um 18 Uhr gestorben. Als wir eine Stunde später das Haus betraten, läutete das Telefon. N.s großer alter Freund E. fragte, wie es N. gehe. Er erhielt als erster die Todesnachricht. Ein paar Tage später fragte ich ihn, ob es mit seinem Anruf eine besondere Bewandtnis gehabt habe. Er sagte, nein, er habe wissen wollen, ob er vor seiner Abreise noch einen Besuch bei N. machen könne. Trotzdem hat mich der Anruf nachdenklich gemacht.

Der erste Tag ohne N.

Kerstin und ich brachten um 8 Uhr den Text der Todesanzeige zur Druckerei. Wir nahmen Briefumschläge mit, die zu Hause geschrieben wurden. Dann fuhren wir zum Krankenhaus, wir mußten dort auf dem Sterbebüro die notwendigen Angaben machen. Niemand gestattete uns, den Toten zu sehen. Niemand dachte daran, daß es am nächsten Tag zu spät sein könne, niemand machte mich darauf aufmerksam, daß die brütende Hitze draußen vor der Zeit die Verwesung herbeiführen könnte. Niemand sagte mir, daß die Niereninsuffizienz wahrscheinlich der Verwesung Vorschub leisten würde.

Wir erledigten die Angelegenheit im Sterbebüro. Wir beauftragten das städtische Begräbnisinstitut. Ich wußte, daß ich einen hellen Sarg wollte, kein dunkles Holz. Ich wollte einen Sarg mit einem Kreuz, aber es gab nur ein Kreuz mit dem Gekreuzigten.

Also wählten wir das Kreuz mit dem Gekreuzigten. Wir suchten den schönsten Anzug von N. heraus. Viele Erinnerungen verband ich mit diesem Anzug. Ich setzte fest, alles so einfach wie möglich zu halten. Ich mußte ein Kissen auswählen, auf dem sein Haupt ruhen sollte. Es gab nur Kissen in Seide oder mit Spitzen. Welch schreckliche Vorstellung, N. in Samt und Seide zu betten. Ich wählte Spitzen, die waren mir immer noch erträglicher als schillernde Seide für ihn. Heute denke ich, warum ich ihm nicht ein Kopfkissen mitgegeben habe. Mir ist der Gedanke nicht gekommen.

Dann setzte ich noch fest, daß der Tote rasiert werden solle, ich wollte nicht, daß sich die Kinder über den Bart des Vaters erschreckten.

Dann verließ uns der Vertreter des Begräbnisamtes, das Haus war leer. Wir taten zu viert nichts anderes als Briefumschläge schreiben, stempeln, Briefmarken aufkleben. Um 4 Uhr nachmittags wurden uns die Todesanzeigen gebracht. Wir riefen bei der Post an, wann wir sie einliefern müßten, damit sie am nächsten Morgen in der Stadt ausgetragen werden könnten. Uns wurde gesagt, es genügte, wenn wir sie um 18 Uhr brächten. Wir brachten mehrere Hundert zu unserem Postamt; die Anzeigen wurden am nächsten Tag um 12 Uhr am Bahnpostamt abgestempelt, am übernächsten Tag, zu der Zeit, als das Begräbnis längst vorbei war, wurden sie in der Stadt ausgetragen. Die nicht so dringliche Post erledigten wir am Abend.

Mitten in den Trubel rief Ludwig an, er meinte, wir müßten eine Nachricht an dpa geben. Ich fühlte mich außerstande, es zu tun. Er las mir einen Text vor, den er verfaßt hatte. Es war ein guter und schöner Text. Ich dankte ihm. Der Text ging über dpa. In vielen Zeitungen und Zeitschriften erschien ein Nachruf auf N.

Der Vertreter vom Begräbnisamt hatte uns mitgeteilt, daß wahrscheinlich N. erst am Abend auf den Friedhof überführt werden könne. Wir würden ihn erst am Donnerstag sehen können.

Die Leichenschau

Der nächste Morgen war noch angefüllt mit Arbeit, mit Vorbereitung für das Begräbnis. Dann machten wir uns zu viert auf den Weg, um N. noch einmal zu sehen. Mirjam brachte uns auf den Gedanken, ihm die hebräische Bibel in den Sarg mitzugeben. Wir nahmen einen wunderbaren Strauß Blumen mit. Ich bereitete die Kinder darauf vor, was ihnen jetzt begegnen würde. Man würde uns in unserer Stadt nicht mehr zu dem Toten lassen, wir würden nicht mehr von seiner Nähe Abschied nehmen können, wir müßten beim Pförtner schellen, damit er uns den Vorhang zur Seite zöge, wir könnten N. nur durch eine Glasscheibe sehen. In unserer Stadt ist es üblich, daß die Toten ausgestellt werden wie in einem Blumenschaufenster. Ich hatte mich immer an diesem Brauch gestoßen und hatte auch schon bei dem Tod meines kleinen Sohnes verlangt, daß die Vorhänge geschlossen bleiben sollten. Damals aber, 14 Jahre zuvor, durften wir noch an seinen Sarg treten und sein liebes, wächsernes Gesicht aus der Nähe anschauen.

In der Stadt, wo ich geboren bin, gibt es diese sinnlosen Hygienevorschriften nicht. Dort liegt jeder Tote in seinem Raum, die Familienangehörigen dürfen zu ihm, sie können bei ihm verweilen, sie sind nicht durch eine unpersönliche Fensterscheibe von ihm ferngehalten.

Ich hasse diese Stadt, die mir nicht erlaubt, in die Nähe eines geliebten Toten zu treten. Ich hasse diese Ärzte, die mich von der Seite des Sterbenden vertreiben.

Ich hasse die Allmacht der Behörden, die mir nicht erlaubt, mit dem Toten ein letztes Wort zu wechseln. Ich hasse die Allmacht der Krankenhäuser, die mir nicht möglich macht, den Toten selbst zu waschen und zu kleiden, die mir nicht erlaubt, ihm die letzten Liebesdienste zu erweisen, die die Toten in ihren Kellern versteckt und mir keinen Zutritt dazu freigibt. Und ich hasse diese Stadt, die mir die Entscheidung darüber abnimmt, ob ich die Zeichen der Verwesung an dem Toten sehen will oder nicht. Ich hasse diese Stadt, ich hasse diesen Staat, ich hasse diese Ärzte, ich hasse diese Krankenhäuser. Sie sollten Verwalter der Menschlichkeit sein, und sie machen die Liebe unmöglich, sie bevormunden die Menschen, sie reglementieren das Sterben, das Begraben und den Tod. Sie lassen keinen Freiheitsraum für die Liebe. Ich hasse sie.

Wir kamen zu dem Leichenschauhaus, wir schellten, wir warteten, bis ein Wärter erschien. Er sagte, er könne uns den Sarg nicht mehr öffnen, die Verwesung sei so weit fortgeschritten, wir könnten N. nicht mehr sehen. Wir verlegten uns aufs Bitten, wir verlegten uns aufs Betteln. Es gibt staatliche Anordnungen, die vor dem Anblick der Verwesung schützen sollen. Wen schützen sie, wen bevormunden sie, wen machen sie zum unmündigen Kind?

Wir konnten kein letztes Lebewohl mehr sagen, wir gaben die Blumen ab, wir baten, die Bibel in den Sarg zu legen. Der Wärter sagte, der Fotograf hätte schon am Morgen keinen Zutritt mehr bekommen.

Am nächsten Tag sagte mir Frau G., sie habe N. im Leichenkeller des Krankenhauses gesehen. Sie habe sich auf ihren Onkel berufen, einen berühmten Arzt. Sein Antlitz sei voller Frieden gewesen, voller Verklärung, er habe jung ausgeschaut, sehr jung.

Es hätte uns gut getan, ihn auch noch einmal anschauen zu dürfen, den Frieden auf seinem Antlitz zu sehen und daß er sich mit dem Tod ausgesöhnt hat.

Der Jammer war groß.

Die Trauer

Der Schmerz war so groß und frisch, daß ich nicht einmal wußte, ob ich Trauer empfand. Mirjam fragte mich, ob ich mich in dieser Nacht einsam gefühlt hätte. Ich hatte mich noch nicht einsam gefühlt, aber mir wurde jetzt schon klar, worin ich N. am meisten entbehren würde. Ich würde ihn nicht mehr fragen können. Ich würde ihm meine Gedanken über Gott nicht mehr mitteilen können. Ich würde ihn bitter entbehren. Ich dachte: „Ich werde ihn niemals mehr über Jesus und über Gott sprechen hören."

Wir entschlossen uns, nicht in Trauer zu gehen. Ich brachte es nicht fertig, ich hätte meine Fassung verloren, wenn man mich in dem kleinen Ort, wo wir wohnen, auf meine schwarze Kleidung hin angesprochen hätte. Auf einmal hatte ich das Gefühl, daß ich so trauerte, daß ich eine Trauerkleidung zusätzlich nicht mehr ertrüge. Ich wollte ein weißes Kleid anziehen und Schmuck. Ich wollte mich schön machen für N. Kerstin wollte eine schwarze Hose und eine weiße, indische Bluse anziehen. Thomas ein fröhliches Hemd und eine helle Hose und Mirjam ihr grünes Jackenkleid.

Am nächsten Morgen fuhren wir zum Friedhof. Wir begrüßten die Freunde. Es waren viele Menschen gekommen. Es war tröstlich, die Freunde zu sehen. Ich ging mit Mirjam zum Sarg, wir schauten uns das schöne, helle Holz an, wir strichen noch einmal darüber. Dann stand ich am Grab. Der Sarg wurde hinunter gelassen, sein Freund O. sprach die Gebete. Es waren gute, tröstliche Gebete, die mir im Herzen wohl taten, wie ich überhaupt die ganze Zeremonie des Begräbnisses und der Totenmesse als sinnvoll und tröstlich erlebte. Dann sprach sein Freund O. Er sprach aus seiner inneren Erschütterung heraus, er sprach in völliger Selbstvergessenheit. Es war, als ob es aus ihm spräche, als ob es ihn übermannte. Mehr als 40 Jahre war er sein Freund gewesen. Wir konnten ihn kaum verstehen. Der Lärm aus den anliegenden Straßen drang in unsere Stille. Die Worte wurden verweht. Später sprach noch eine Frau an seinem Grab, die seine Behörde vertrat. Sie sprach freundlich, warm und lebendig. Dann fuhren wir in die Kirche und feierten dort die Eucharistie. Noch einmal sprach sein Freund O., diesmal gesammelt, diesmal verstehbar, voller Intensität, voller Innigkeit, voller Nähe. Er hat über N. gesprochen und über seinen Kampf um Gott und wie er sich in diesem Kampf zerrieben hat. Er hat von N.s Zartheit gesprochen, und ich staunte, weil ich nicht wußte, daß auch andere diese Zartheit und geringe Belastbarkeit von N. kannten.

Dann gingen wir mit den Freunden zu unserem Haus, und es war so, wie N. es sich erträumt hatte. Es war 11 Uhr, alle standen und tranken Wein und aßen.

Sie begrüßten einander, sie feierten das Wiedersehen. Nur N. war nicht dabei. Die Trauer um ihn war groß, die Anteilnahme echt. Er fehlte allen sehr.

Am Abend fuhren wir noch einmal zum Friedhof hin. Das Grab war aufgeschüttet, die Kränze lagen darauf. Es waren schöne, bunte, fröhliche Kränze. Eine Überfülle von Blumen.

Die Briefe

In den nächsten Tagen kam eine Fülle von Post, eine Unmenge Briefe. Es tat gut, sie zu lesen. Auch den Kindern tat es gut. Nur wenige Briefe waren unpersönlich. Die meisten waren voller Trauer und Abschied. Auch der Mann schrieb, der bei dem Unfall mit N. verletzt worden war. Ich war dankbar dafür.

Wenige Tage später meldeten sich Antiquariate, die mir Geld für die Bibliothek von N. anboten. Ich ließ solche Briefe unbeantwortet.

Einen Monat später besprach ich mit den Kindern den Text der Danksagung. Wir entschlossen uns, ihn so persönlich zu halten, wie es N. entsprochen hätte. Mochte dieser Text in seiner Bekenntnishaftigkeit auch von manchen mißverstanden werden, wir waren der Meinung, wir wären es N. schuldig, uns zu dem zu bekennen, was ihm das Wichtigste im Leben gewesen war.

Viele Briefe beantwortete ich zusätzlich persönlich. Meine Angst war groß, zu vereinsamen, und ich wollte versuchen, den Kontakt mit seinen Freunden weiterhin aufrechtzuerhalten.

Die Behörden

Für die Lebensversicherung benötigte ich die Sterbeurkunden. Als ich sie erhielt, waren sie ungültig, man hatte vergessen, sie zu unterschreiben.

Ich mußte die Kosten des Begräbnisses persönlich beim Begräbnisamt bezahlen. Ich fuhr in die Stadt, um die Angelegenheit zu regeln. Ich mußte zur Bezirksfinanzdirektion, ich mußte zum Einwohnermeldeamt, um für jeden von uns eine Lohnsteuerkarte ausstellen zu lassen. Drei Wochen nach N.s Tod erhielt ich die Festsetzung der Versorgungsbezüge und die Mitteilung über die Festsetzung des Sterbegeldes.

Zwei Wochen nach N.s Tod bekam ich die erste Vorladung vom Amtsgericht, Abteilung Nachlaßgericht, zur Feststellung des Nachlasses. Drei Monate später hatte ich die erforderlichen Unterlagen beisammen. Die Gerichtskosten betrugen DM 800.–.

Sechs Monate nach N.s Tod forderte mich das Vormundschaftsgericht auf, Angaben über das von meinen Kindern ererbte Vermögen zu machen.

VIII.
Gedanken

Mein eigener Tod

Seitdem ich N. habe sterben sehen, denke ich viel an meinen eigenen Tod.

Ich habe oftmals im Leben Verlangen nach dem Tod gehabt. Der Gedanke an den Tod ist mir vertraut und nicht neu. Ich habe den Tod immer als etwas Wichtiges in unserem Leben angesehen. Aber das Sterben!

Ich weiß, ich bin tapfer. Ich habe es von Kind auf sein müssen und habe es all die Jahre über nicht verlernt. Wenn es so weit ist, werde ich nicht hysterisch reagieren, aber ich habe Angst vor dem Krankenhaus. Es graut mir davor, abhängig zu sein von den Schwestern, um jeden Handgriff bitten zu müssen, meine Bedürfnisse nicht selbst erfüllen zu können, anderen zur Last zu fallen, mich der Macht der Ärzte nicht mehr erwehren zu können.

Ich lese mit Entsetzen über die Versuche der Ärzte, das Leben des Menschen mit modernen Hilfsmitteln zu verlängern. Die Allmacht des Arztes, einen Patienten immer wieder zu reanimieren, kaschiert sich als Ethos und Menschlichkeit. Ich habe Angst davor, nicht mehr genügend Willenskraft zu haben, um mich dieser Allmacht zu entziehen, um die Entwürdigung zu verhindern, um der Demütigung zu entgehen, dem Ausgeliefertsein an andere, die mich nicht kennen, die mich nicht liebhaben, die nichts von mir wissen.

Immer wieder entsteht in mir das Verlangen, Medizin zu studieren, um Zugang zu der Macht zu gewinnen, die die Ärzte haben, um zu wissen, mit welchen Mitteln ich mich ihrer Macht entziehen kann.

Wäre es meine Aufgabe als Christ, all meine Hoffart fahren zu lassen, mich zu unterwerfen, mich manipulieren zu lassen, an mir hantieren zu lassen, nicht mehr als Mensch zu gelten, nur mehr als Objekt ärztlichen und pflegerischen Handelns? Vielleicht steckt ein Stück Heiligkeit darin, auf das Selbstbewußtsein zu verzichten. Aber diese Heiligkeit bringe ich nicht fertig, sie ist mir völlig wesensfremd, und die Vorstellung, meine Kinder mit einem langen hinausgezögerten, künstlich hinausgezögerten Tod zu quälen, ist mir grauenhaft.

Ich weiß nicht, welches Geschick mir beschieden ist. Vielleicht erhebt sich einmal diese Frage nicht für mich; aber ich möchte mich auf jeden Fall darauf rüsten, ich möchte stark genug sein, nicht um Hilfe zu rufen, auf den Arzt zu verzichten, allein zu bleiben, niemanden zu beunruhigen und den Tod allein und in Würde und in vollem Bewußtsein anzunehmen.

Aber wer weiß, was für ein Mensch ich bis dahin sein werde, ob ich noch die Kraft habe zu dieser Tapferkeit, ob ich noch den Mut habe, in den Tod einzustimmen? Was weiß ich von mir selbst?

Mein Haß

Auch dessen war ich mir bisher nicht bewußt: Mein Haß gegen einige Ärzte ist viel älter als die Erfahrung, die ich bei dem Sterben von N. gemacht habe. Es ist kein Zweifel, gegen einige dieser Ärzte hege ich einen abgrundtiefen Haß. Gegen den Arzt, der mich von dem Toten weggewiesen hat, gegen den Arzt, der mich nicht ernst nahm, als ich 36 Stunden vor N.s Tod von seinem Sterben sprach. Manchmal auch empfinde ich Haß gegen die junge Ärztin, die sich in die geistigen Ansprüche eines so differenzierten Menschen nicht hineindenken konnte, obwohl sie ihm andererseits so viel Gutes getan hat.

Woher kommt dieser Haß? Ich weiß es heute. Er hat mit meinem Vater zu tun. Er war Arzt. Ich scheue mich heute noch, Schmerzen zu zeigen; „sich anzustellen“, das war das schlimmste, was wir zu Hause tun konnten. Er war bei aller Güte und Großzügigkeit herabsetzend. Ich fühlte mich bei ihm oft degradiert und gedemütigt. Mein Haß stammt wahrscheinlich aus der vergeblichen Werbung um die Anerkennung durch den Vater. Es waren zu viele andere kleine Mädchen da, die sein Herz längst besetzt hielten.

Wer war N. wirklich? Ich weiß es nicht. Ich zerbreche mir nicht erst seit seinem Tod den Kopf darüber. Alles an ihm war so widersprüchlich. Er war geduldig und ungeduldig, er war bescheiden und anspruchsvoll, er war unsicher und selbstbewußt, er war beredt und schweigsam, er war trostreich und abweisend, er war verletzend und gütig. Was war er wirklich? Wie war er wirklich? Wer war er wirklich? Ich weiß es nicht. Ich weiß immer nur einzelne Situationen. Er war ein Mensch, der der Freunde bedurfte, aber oft genug von seinen Freunden verlassen wurde oder sich selbst von ihnen abwandte, weil er sich gekränkt fühlte.

Er war fleißig. Ich habe nie einen Menschen gekannt, der mit derartiger Konsequenz arbeitete. Sein Tag war streng unterteilt, die Morgenstunden waren der schöpferischen Arbeit vorbehalten, dem Bücherschreiben, dem Konzipieren, der Nachmittag war dem Lesen von Sekundärliteratur reserviert. N. las ein wissenschaftliches Buch an einem Tag zu Ende. Am Abend studierte er seit über 40 Jahren die Heilige Schrift.

Er war nicht nur fleißig, er war auch klug. Er war gebildet. Es war so schön, den Kindern einfach sagen zu können: „Fragt den Vater, der weiß es genau." Mit seiner wachen Gescheitheit wandte er sich blitzschnell jedem neuen Thema zu, einfallsreich, voller Kombinationsgabe. Es war eine Freude, ihn fragen zu können und Antwort von ihm zu erhalten. Er nahm sich immer Zeit dazu.

Aber er war kein Intellektueller. Sein Denken war immer vom Herzen her bestimmt. Er war immer ein Getriebener, ein Mensch völlig ohne Berechnung, ohne Raffinement, ohne Intrigen.

Er war das, was man einen Denker nennt, ernsthaft, fasziniert von dem, was ihn bewegte, in seinen Aussagen und in seinen Forschungen immer glaubwürdig, immer echt, ja lauter. Er engagierte sich gegen seinen eigenen Vorteil.

Habe ich schon gesagt oder muß ich es überhaupt sagen, daß er sehr schwierig war? Manchesmal habe ich gedacht, den Weg mit ihm nicht weitergehen zu können. Aber ich habe nie einen anderen Mann gekannt, mit dem ich meinen Weg lieber geteilt hätte.

Während der vier Wochen seiner Erkrankung habe ich mir keine Gedanken darüber gemacht. Später dagegen habe ich mir oft die Frage vorgelegt, und ich könnte mir vorstellen, daß sie vielen gekommen ist. Warum weiß ich nichts von einem Gebet zu berichten?

Ich glaube, jeder Mensch hat seine eigene Weise zu beten. Eine eigene in der Kindheit, eine eigene in der Jugend, eine andere im Erwachsenenalter. Solange ich N. kannte, hat er nie ein Gebet absolviert. Viele würden sagen, er habe mit den Texten der Psalmen gelebt. Ich glaube eher, daß er sich selbst in der Welt der Psalmen erfuhr und seine Erfahrung von diesem Gott ein für allemal verbalisiert war in der Heiligen Schrift. Er lebte schlechthin in der Gegenwart dieses Gottes; in den letzten vier Wochen seines Sterbens bedurfte es nicht mehr der Sprache, um diesem Umfangen-Sein Ausdruck zu verleihen.

Er hat seine Erkrankung unter dem Aspekt des Heiligen erfahren. Die wenigen Worte, die er darüber fand, durchzogen seine ganze Erkrankung: „Der Engel des Herrn hat mich angerührt." Für mich klang dieser Text weiter: „und er hat mich nicht übermocht."

Große Worte hat es zwischen N. und mir nie gegeben. Nie sind ihm irgendwelche frömmlerische Floskeln über die Lippen gegangen.

Um so gewichtiger muß ich die wenigen Worte nehmen, die ich von ihm in seiner Krankheit erfahren habe.

Ich habe mir nachher verzweifelte Mühe gegeben, die sämtlichen, mir bekannten Texte wiederzufinden. Mit Sicherheit konnte ich nur jene drei wiedergeben. Ich wollte mit meinen Gedanken nicht verfälschen, was er selbst zum Ausdruck gebracht hatte. Nur eins ist mir deutlich geworden: es war kein Text dabei, der von Schuld und Sühne sprach, der um Vergebung bat, der nach Rechtfertigung trachtete, sondern die Texte waren voll von dem Überwältigt-Sein durch diesen Gott.

Er sprach das:
„Heilig, heilig, heilig,
Er der Umscharte..." (Jes. 6,3)

Er sprach das:

„Auch wenn ich gehn muß
durch Todschattenschlucht,
fürchte ich nichts Böses,
denn du bist bei mir.“ (Ps. 23,47)

Und er sprach das:

„Wie die Hinde lechzt an Wasserbetten,
so lechzt meine Seele, Gott, nach dir.“ (Ps. 42,2)

Wer so wie er in der Bitterkeit des Überwältigt-Seins, des In-Beschlag-genommen-Seins lebte, bedurfte nicht mehr eines eigens formulierten Gebetes, um seine Bindung an diesen Gott zu dokumentieren. Diese Bindung war unauflösbar, zwingend, vergewaltigend, tödlich.

Die Aufzeichnungen

In der zweiten Woche seiner Erkrankung begann ich, Aufzeichnungen zu machen. Ich tat es nicht, um eine Erinnerung an ihn zu haben, ich tat es in der verzweifelten Angst, etwas von dem vergessen zu können, was für uns beide in diesen Tagen so wichtig war. Ich hatte das Gefühl, in dieser Zeit im Zentrum unseres Lebens zu stehen.

Die Angst, etwas von dem vergessen zu können, ist heute noch groß. Deswegen schreibe ich in aller Eile, ich schreibe hastig.

Ich habe die Aufzeichnungen nie in dem Gedanken gemacht, sie einmal zu veröffentlichen. Jetzt erst, nachdem alles vorbei ist, habe ich das Gefühl, sprechen zu müssen, nicht schweigen zu dürfen darüber, wie das ist, in einem Krankenhaus, bei Fremden, zu sterben.

Heimweh nach dem Krankenhaus

Vier Wochen lang bin ich täglich zu dem Krankenhaus gefahren. 29 Tage waren es. Ich bin fast täglich dreimal in das Krankenhaus gefahren. Ich habe ausgerechnet, daß ich 85mal von unserer Wohnung aus zum Krankenhaus und zurück gefahren bin. Das waren jedesmal 7 km, ein Weg, den Stadtrand entlang, in 12 Minuten hatte ich das Krankenhaus erreicht.

Ich bin gern zum Krankenhaus gefahren. Wenn ich daheim unruhig war, so fiel die Unruhe von mir ab, sobald ich im Auto saß. Mochte ich auch Sorge um N. haben, ich konnte ihn wiedersehen, ich konnte mit ihm sprechen, ich konnte gut zu ihm sein, ich konnte ihm helfen, ich freute mich jedesmal auf das Krankenhaus.

Jetzt liegt er nicht mehr dort, und ich kämpfe immer wieder gegen das Verlangen an, wieder einmal zum Krankenhaus zu fahren, wieder einmal einen Parkplatz zu suchen, wieder einmal die Treppen hinaufzueilen, wieder einmal durch die Pforte zu gehen, den kurzen Gang zu durchschreiten, wieder einmal an der Intensivstation schellen zu dürfen.

Ich weiß, es ist unsinnig, daß ich Heimweh nach dem Krankenhaus habe. Ich treffe ihn dort nicht mehr an. Dort ist nichts mehr, was mich an ihn erinnert. Aber es wäre so schön, ihn dort noch einmal besuchen zu können. Eigentlich habe ich vier Wochen lang nur aus diesen Besuchen gelebt. Ich habe daheim meine Arbeit getan und war gut mit den Kindern. Aber dort, wo ich ganz ich selbst war, das war im Krankenhaus.

Manchmal denke ich, wenn ich selbst schwer krank würde, möchte ich in das gleiche Krankenhaus, wo N. vier Wochen gelegen hat. Ich weiß zwar, daß ich einer Illusion nachjage, aber ich werde ihrer Verführung nicht Herr. Ich kann mich nur mühsam gegen sie zur Wehr setzen.

Die Anzeige

Ich weiß nicht mehr, wann ich begann, darüber nachzusinnen. Ich glaube, daß es wohl eine Woche nach seiner Erkrankung gewesen sein muß, als er zum zweiten Mal auf die Intensivstation gebracht worden war und ich glaubte, daß er sterben werde. Ich fragte mich, welches Wort der Heiligen Schrift das ausdrücken könne, wovon N. sein ganzes Leben lang bestimmt worden war. Mir kam ein Text in den Sinn aus dem 42. Psalm „Wie die Hinde schreit nach lebendigem Wasser“. Ich kannte den Text gut. Ich hatte einmal eine Betrachtung darüber geschrieben. Ich hatte geschrieben: „Ich habe nie eine Hinde gesehen, die nach frischem

Wasser sucht. Wahrscheinlich gibt es das auch gar nicht in unseren Gegenden, die reich sind an Quellen und Wassern ... Da ist ein Tier, das Durst hat, und zwar nicht nur einen kleinen Durst, der nach einer Weile gestillt werden wird, sondern es hat großen Durst, es leidet an diesem Durst, es kann nicht mehr weiter, es vermag seinen Huf nicht mehr vor den anderen zu setzen. Daß sein Durst gestillt werde, ist lebensnotwendig. Ohne daß das Tier Wasser findet, muß es verenden, es kann nicht leben ohne dieses Wasser. Ich habe nie eine Hinde gesehen, die nach lebendigen Wassern schreit, und ich bin nie einem Menschen begegnet, der die Gefahr des Verdurstens erlebt hat. Und dennoch weiß ich ganz genau, wie das ist, mit allen Poren des Leibes danach zu verlangen, gestillt zu werden. Nicht anders zu können, als nur das eine zu denken, trinken zu dürfen, sein Leben erhalten zu können. Ich weiß genau, wie das ist. Eigentlich befinde ich mich immer in dieser Situation, verdursten zu müssen, Verlangen zu haben, nicht gestillt zu sein, nicht gesättigt zu sein, extremen Durst zu leiden, erschöpft zu sein, nicht mehr weiter zu können, nur noch einen Gedanken zu haben, einen einzigen Gedanken, der im Kopf herumgeht, der mich im Herzen rührt, der meinen Leib erfüllt, der mein ganzes Sein ausmacht. Ich kann nicht anders, mein Durst treibt mich, mein Verlangen zwingt mich zu ihm hin, zu dieser Quelle, zu der Stillung meines Bedürfnisses, zu der Hoffnung meines Verlangens ... Ich bin hungrig bis in die Knochen, und ich dürste wie ein Verdurstender. Es treibt mich um, es bietet mir nichts Genüge, mit nichts bin ich zufrieden, mein Verlangen füllt mich aus. Ich bin leer und bedürftig, ich möchte gestillt werden, endlich gestillt werden, endlich voll werden von dem, wonach ich Verlangen trage."

N. hatte diese meine Betrachtung nie gesehen, er hat sie nicht gelesen, er wußte nichts davon. Wir haben nie darüber gesprochen, daß wir uns diesem Vers besonders verbunden fühlten. Aber wenn ich daran dachte, was einzig kennzeichnend für N. war durch sein ganzes Leben hindurch, dann war es eigentlich dieses Getriebensein, dieses Nicht-anders-Können, dieses verzweifelte Auf-ein-Ziel-Zulaufen, wie die Hinde schreit nach frischem Wasser.

Ohne diesen Gott konnte N. nicht leben.

Als er acht Tage vor seinem Tod Abschied nahm, sprach er unter anderem genau diese Verse in der Fassung von Buber.

Dank für das Sterben

Wenn ich es mir wählen dürfte, möchte ich einmal ganz schnell in den Tod gehen; aber ich bin dankbar, daß N.s Sterben vier Wochen lang gedauert hat. Ich bin um jeden Tag dankbar, den ich für ihn noch sorgen konnte, für jede Begegnung, da er sich auf mich verließ, meiner Kraft vertraute, auflebte, wenn ich sein Zimmer betrat, wenn ich an sein Bett kam, wenn ich ihm zu trinken brachte, wenn er aus meiner Hand etwas zu sich nahm.

Ich frage mich oft, wie ich es erlebt hätte, wenn er in jener ersten Nacht erstickt wäre. Ich hätte diesen Tod unsagbar grausam und sinnlos empfunden, ohne die Möglichkeit, Abschied zu nehmen, ohne die Möglichkeit, noch einmal gut zueinander gewesen zu sein. Nie habe ich intensiver gespürt, was er mir bedeutet hat, als in diesen vier Wochen seines Sterbens.

Ich bin dankbar dafür, daß er sich tapfer gegen den Tod gewehrt hat. Das Herausgerissen-Werden aus dem täglichen Nebeneinanderherleben hätte unendlich viele Schuldgefühle geweckt. So war noch einmal ein intensives Miteinander möglich, ganz hingeordnet auf den Sterbenden, nicht mehr in der Ansprüchigkeit, daß auch ich gesehen werde, daß auch ich Beachtung finde, daß auch mein Recht gelten möchte.

Es kommt mir vor, als ob das das Letzte gewesen sei, was er geleistet hat, sich gegen den Tod zur Wehr zu setzen, noch eine Weile für uns da zu sein.

Gewiß war ich froh für ihn, als er den letzten Schritt in den Tod hinter sich gebracht hatte. Daß sein Leiden ein Ende hatte, die Demütigung, die Entwürdigung, die Unfreiheit. Wohl war ich darüber glücklich, und zugleich bin ich dankbar für jeden Tag seines Sterbens ohne Klage, in Tapferkeit, für jeden Tag, da er noch in der Lage war, meine Liebe entgegenzunehmen. Die Erfahrung des Sterbens war die größte Gemeinsamkeit, die uns beiden zuteil geworden ist, größer als alle Erfahrungen der Ehe, als die Umarmung, als die Zeugung, als die Geburt und das Glück und die Sorge mit den Kindern, als der Tod unseres Sohnes. Es war das absolut Wichtigste, das ich in meinem Leben erlebt habe.

IX.
Letzte Dokumente

Korrespondenz

An den Chefarzt
des Krankenhauses X.

Sehr verehrter Herr Dr. B.,

ich möchte Ihnen und Ihren Ärzten zuerst einmal danken für die große Mühe, Hilfsbereitschaft und Selbstlosigkeit, die Sie meinem Mann vier Wochen lang haben zuteil werden lassen, nicht zuletzt für Ihr großes Wissen und Können.

Aber obwohl ich weiß, daß von ärztlicher Seite nichts versäumt worden ist und ich den Tod meines Mannes von vornherein akzeptiert habe, werde ich doch mit der Art seines Sterbens nicht fertig, und ich kann nicht anders, ich muß versuchen, mich Ihnen verständlich zu machen.

Ich weiß, daß sich Ihnen die Situation eines Kranken anders darbietet als für den Angehörigen, vielleicht aber auch für den Kranken selbst. Warum ist eigentlich das Sprechen über den Tod im Krankenhaus tabu? Warum wurde, wenn ich nach dem Sterben gefragt habe, immer abgewehrt? Warum wurde ich von einem blonden Halbgott angefahren, als ich einmal meine Tränen nicht mehr unterdrücken konnte und zu behaupten wagte, daß mein Mann im Sterben liege? Das war 36 Stunden vor dem Tod meines Mannes.

Ich kann mir nicht helfen, Herr Dr. B., aber ich habe das Gefühl, immer mehr gesehen zu haben als die Ärzte. Am Morgen vor seinem Sterbetag war mir gegenüber nur von einem unveränderten Herzbefund die Rede, von der Stabilisierung des Herzens. Warum wird den Angehörigen und dem Kranken verschwiegen, daß der Patient hohes Fieber hat? Dadurch wird ja seine Angst nicht ernst genommen. Er fühlt sich nicht verstanden in seiner Hilflosigkeit und Krankheit. Er spürt von den Pflegern den Vorwurf, sich nicht genug zu beherrschen, sich gehen zu lassen, hysterisch zu sein. Warum kann man mit dem Kranken nicht länger sprechen, ihm nicht Mut machen, ihm seine Krankheit nicht genauer erklären? Ihm zu verstehen geben, daß seine Symptome ernst genommen werden? Mein Mann hat vergeblich versucht, die für ihn erschütternde und tief beunruhigende Erfahrung, den Kopf krampfhaft hin- und herwerfen zu müssen, den Pflegerinnen und Ärzten verständlich zu machen. Niemand ist darauf eingegangen, niemand hat die Angst gesehen, niemand hat versucht, diese Angst durch eine Erklärung zu lindern.

Wenn ich einem Arzt gegenüber – entschuldigen Sie bitte, Herr Dr. B., nicht Sie persönlich sind gemeint – vom Sterben gesprochen habe, bin ich immer wieder abgewiesen worden. Nie ist mit mir ausführlich über die Aussichten gesprochen worden. Ich bin immer irre gemacht worden in meinem eigenen Gefühl, daß mein Mann todkrank sei. Aber weil es mir von Ihrer Seite nicht bestätigt worden ist, habe ich die Kinder auf seinen Tod nicht vorbereiten können. Ich habe sie ja nicht unnötig lange quälen und dieses schreckliche Hin und Her miterleben lassen wollen.

Ich habe gesehen, daß Ihr Krankenhaus sehr gut ist, daß Ihre Ärzte hervorragend sind und die Schwestern und Pfleger durchweg freundlich und sehr tüchtig waren. Und trotz der freundlichen Pflege bedeutet die Krankenhaussituation eine unentwegte Entwürdigung und Entpersönlichung des Kranken. Er muß die ganze Zeit mit sich geschehen lassen, was die Ärzte verfügen. Die meisten tun es ohne jede Erklärung, ohne jede Frage nach Erlauben oder Verweigern. Es mag sein, daß dies nicht alle Ihre Kranken als Vergewaltigung erleben, aber für einen so differenzierten Menschen war das ständige Hinnehmenmüssen wie ein Persönlichkeitsverlust.

Warum müssen die ärztlichen Verrichtungen an einem Kranken in Abwesenheit seiner Angehörigen vor sich gehen? Ich hatte immer wieder das Gefühl, daß ich für die Ärzte, die doch durchweg erheblich jünger als ich waren, zum Teil eine störende, zum Teil aber auch eine lästige Erscheinung war. Man versuchte mir meine Beobachtungen auszureden wie einer dummen Göre. Man hätte doch sehen können, daß ich kein hysterisches Theater machte und meinen Mann in keiner Weise belastet habe. Im Gegenteil.

Nach diesen Erfahrungen habe ich den Verdacht, daß sich die Ärzte ihre Allmachtsposition unbedingt bewahren müssen, deswegen den Patienten in eine Entscheidungs-Unfreiheit versetzen und den Angehörigen möglichst fernhalten wollen. Das alles gilt als Klage nicht Ihnen persönlich, Herr Dr. B. Ich weiß, daß Sie besonders menschlich mit meinem Mann umgegangen sind und daß Sie versucht haben, alle Ihre Maßnahmen verständlich zu machen. Ich weiß auch, daß er Sie sehr gemocht hat. Aber ich mache mir selbst größte Vorwürfe, daß ich am Tage seines Todes das Theater, das man sorgfältig um ihn errichtet hatte, mitgespielt habe, ohne es zu durchschauen und ohne mich dagegen zur Wehr zu setzen. Ich bin mir allerdings nicht sicher, ob ich – wenn ich noch vor seinem Abtransport erfahren hätte, daß er nicht in die nephrologische, sondern in die kardiologische Abteilung des XY-Krankenhauses verlegt werden sollte – die Kraft gehabt hätte, die Verlegung zu verhindern. Für Sie und alle Ärzte und für mich auch war gar kein Zweifel, daß mein

Mann nur noch wenige Stunden zu leben hatte. Warum konnten wir nicht mit ihm über sein Sterben sprechen? Warum konnten wir ihn nicht in Ruhe den Tod finden lassen? Warum haben wir ihn noch fremden Ärzten überantwortet, die mich fast bis zu seinem Tod nicht mehr zu ihm gelassen haben?

Ich weiß nicht, ob ich mich mit meinen Klagen überhaupt verständlich machen kann. Aber ich glaube, eines werde ich deutlich machen können. Sie hatten mich am Tag seines Todes angerufen, Sie wollten ihn nach dem XY-Krankenhaus verlegen, um noch eine Anschließung an die künstliche Niere zu versuchen. Sie wußten, daß ich mit der Verlegung nicht einverstanden war. Ich hatte Ihnen gesagt, daß wir meinem Mann die Entscheidung überlassen wollten, ich bäte aber darum, dabei zu sein, wenn Sie mit ihm darüber sprechen würden. Ich bin sofort danach in die Klinik gefahren. Man hatte es meinem Mann aber schon gesagt. Ich weiß, daß sein Blutdruck daraufhin auf 50 herabgesunken war. Eigentlich war er nicht mehr transportabel. Eigentlich war es eine Farce, die wir um ihn herum aufgeführt haben, nur um ihm die Hoffnung nicht zu nehmen, daß er noch gesund werden könnte.

Sehen Sie, genau das ist es, was ich diese vier Wochen beobachtet habe, daß die meisten Ihrer Ärzte nicht spüren und nicht darauf achten, was seelisch in einem Menschen vor sich geht. Sie wissen die Zeichen nicht zu verstehen, die in seiner Angst deutlich werden. Es kommt mir fast so vor, als ob alle Ihre Instrumente nicht so genau registrieren könnten, was in dem Kranken vor sich geht und wie seine Chancen stehen, wie die Liebe zu ihm und das menschliche Eingehen auf ihn, das Hinhören, das Mitfühlen.

Bitte verstehen Sie mich recht. Ich möchte Ihnen und den Ärzten und den Pflegern, die für meinen Mann gesorgt haben, in keiner Weise Vorwürfe machen.

Ich weiß, daß Sie alle Ihr Bestes gegeben haben und ihm nach bestem Wissen und Gewissen geholfen haben. Ich meine auch nicht, daß Sie sein Leben unnötig verlängert hätten, daß er unnötig gequält worden wäre, sondern ich meine nur, daß er so furchtbar unverstanden war, daß er sich nicht ernst genommen fühlte, nur mehr ein Objekt ärztlichen Handelns war, ein Objekt der Gesundheitstechnik und nicht mehr Mittelpunkt menschlicher Besorgnis und menschlicher Hilfsbereitschaft.

Ich habe das Gefühl, daß es furchtbar ist, in einer solchen Apparatur sterben zu müssen. Ich denke sehr viel an meinen eigenen Tod und an eine Möglichkeit, mich einer derartigen allmächtigen Apparatur zu entziehen.

Ich weiß, daß Sie viele gute Argumente haben, warum ein Krankenhaus so und nicht anders organisiert sein kann. Vielleicht läßt es sich wirklich nicht abändern. Dennoch aber behalte ich mir das Recht vor, dagegen zu protestieren und die Unmenschlichkeit einer solchen Situation aufzuzeigen.

Ich bitte Sie um Verzeihung, wenn ich Sie mit diesem Brief gekränkt haben sollte. Das liegt nicht in meiner Absicht. Aber ich kann nicht anders. Ich meine, ich müßte es bekennen, wie ich das Sterben meines Mannes erlebt habe. Ich meine auch, es müßte für Sie und alle, die noch ein Ohr haben für das Menschliche im Kranken, wichtig sein, mich zu hören.

Trotz allem danke ich Ihnen, weil Sie unendlich viel für meinen Mann getan haben.

Nach einigen Monaten traf die Antwort des Chefarztes ein. Er bat um Verzeihung wegen seines langen Schweigens. Es sei nicht aus mangelndem Interesse geschehen, sondern er wisse auf viele meiner Fragen keine Antwort. Doch möchte er mir mitteilen, daß er viele Dinge anders sehe.

Ich hätte beobachten können, wie viele Kranke mit einem Herzinfarkt in seine Station eingeliefert worden seien, die alle wieder die Station gesund verlassen konnten. Er habe den Tod meines Mannes nicht voraussehen können und habe mich und meine Angehörigen nicht unnötig beunruhigen wollen. Wahrscheinlich seien im Verlaufe der Erkrankung zwei Infarktrezidive aufgetreten, die jeweils eine Verschlechterung des Gesamtzustandes verursachten. Er habe aber die Situation bis zum letzten Tag nicht als hoffnungslos angesehen, habe auch geglaubt, durch den Anschluß an eine künstliche Niere ihm noch helfen zu können, da Herz und Kreislauf zu diesem Zeitpunkt noch ausreichend gearbeitet hätten. Auch er sei betroffen darüber gewesen, daß N. von der Verlegung in das Krankenhaus XY erfuhr, ohne daß ich dabeisein konnte. Er glaube aber heute, daß N. an seinem Todestag erneut einen Herzinfarkt erlitten habe, der zu der akuten Verschlechterung führte. Die Verlegung in das Krankenhaus sei keine Farce gewesen, sondern aus echter Sorge und Angst um N. geschehen.

Er schrieb, er wolle versuchen, das Ärztebild zu korrigieren, das ich mir auf Grund der Erfahrungen in seinem Krankenhaus gemacht habe. Er schrieb wörtlich: „Was Sie am Verhalten der Ärzte hier als Allmachtsposition empfunden haben, ist nichts anderes als Angst und manchmal Unsicherheit." Er schrieb, nicht nur Patienten und Angehörige hätten Angst vor Krankheit und Tod, „auch wir Ärzte fürchten uns vor dem Tod unserer Patienten". Diese Angst sei sehr belastend und führe vielleicht manchmal zu falschen Reaktionen.

Herrn Prof. C.
Krankenhaus XY

Sehr verehrter Herr Prof. C.,

verzeihen Sie bitte, daß ich Ihre Zeit in Anspruch nehme. Aber alle meine Freunde, die Sie kennen, schätzen Ihr Wissen und Ihre Menschlichkeit so sehr, daß ich versuchen möchte, mich Ihnen verständlich zu machen.

Am ... dieses Jahres starb mein Mann auf der Intensivstation im XY-Krankenhaus, nachdem er wenige Stunden zuvor mit dem Hubschrauber aus dem Krankenhaus X gebracht worden war.

Ich weiß, daß Sie und Ihre Ärzte sich größte Mühe gegeben haben, das Leben meines Mannes zu retten. Ich aber meine, daß zu dem Zeitpunkt nichts mehr zu retten gewesen sei, sondern nur noch zu trösten, beizustehen und zu helfen.

Ich verstehe sehr gut, wenn sich eine solche Situation für den Arzt anders darbietet als für den Angehörigen, vielleicht auch für den Sterbenden selbst. Aber ich kann mir nicht helfen, ich habe die Stunden, die mein Mann brauchte, um sich endlich dem Tode überlassen zu können, als unmenschlich erlebt. Mein Mann ist kurz vor 1 Uhr bei Ihnen eingeliefert worden und ist kurz vor 6 Uhr gestorben. In diesen fünf Stunden habe ich einmal etwa eine halbe Stunde, später – nachdem Sie meinen Mann untersucht hatten – fast eine Stunde lang und dann nochmals zwei Minuten bei ihm verbringen können. Ich verstehe nicht, warum man die Angehörigen nicht bei einem Sterbenden lassen kann, vor allem, wenn es deutlich wird, daß die Angehörigen den Sterbenden nicht belasten, sondern ihm helfen können. Was gibt es für ärztliche Verrichtungen, die ein Angehöriger nicht sehen dürfte? Darf ich als die Frau des Sterbenden nicht dabeisein, wenn er gewaschen wird? Darf ich dabei nicht helfen? Hat man Angst, beobachtet zu werden? Hat man Angst, daß die ganze perfektionierte Technik der Gesundheitsfürsorge als das durchschaut wird, was sie vielleicht ist: als eine unmenschliche Apparatur, die den Sterbenden daran hindert, in Frieden in den Tod zu gehen?

Es war während der ganzen schweren Erkrankung meines Mannes meine Sorge, ihn, den ich ein langes Stück seines Lebens begleitet hatte, auch in der Stunde seines Sterbens nicht allein zu lassen. Ich hatte richtig gefühlt. Nachdem man mich eineinhalb Stunden nicht zu meinem Mann gelassen hatte – ich weiß nicht, was in der Zwischenzeit mit ihm gemacht worden ist, niemand muß ja den Angehörigen Rechenschaft darüber geben, was noch mit einem Sterbenden geschieht – konnte ich endlich zu meinem Mann gehen, nicht ohne daß man mir unmißverständlich zu verstehen gegeben hatte, daß ich danach das Krankenhaus verlassen müsse. Es sei unmöglich, wurde mir gesagt, mich die Nacht über in den Räumen der Intensivstation zu dulden. Als ich an sein Bett trat, erkannte er mich noch und sagte: „Endlich bist du da.“ Seine Augen strahlten noch einmal auf, dann starb er innerhalb von einer halben Minute. Ich war mit meinem

Mann allein, aber von draußen hatte man die kurze Unruhe bemerkt, die ihn befiel. Mein Mann lag schon mit gebrochenen Augen da, über den EKG-Monitor ging noch ein letztes Flimmern. Und statt die Würde dieses letzten Augenblickes zu wahren, wurde ich von den hereinstürzenden Ärzten augenblicklich aus der Nähe des Toten entfernt. Ich mache mir sehr zum Vorwurf, daß ich nicht stark genug gewesen bin, meinen Platz an der Seite des Toten zu behaupten. Ich habe mich vertreiben lassen von seiner Seite, ich habe mich nicht dazwischen gestellt, daß sie noch einmal versucht haben in unsinniger Weise, ihn ins Leben zurückzurufen. Ich konnte nur noch hilflos sagen, man möge ihn doch endlich tot sein lassen. Aber das unmenschliche Ethos des Arztes, Leben auf alle Fälle zu verlängern, war stärker.

Das ist es, Herr Professor, was ich Ihnen sagen wollte und was ich nicht verwinden kann. Ich meine es nicht als Vorwurf an Ihre Ärzte persönlich, geschweige denn an Sie. Ich bitte das nicht so zu verstehen, sondern als Anklage gegen das System, das den Menschen nicht mehr menschlich nimmt, das die Würde des Sterbens nicht mehr wahrt, das die Verlängerung der Herzfunktion für das einzig Erstrebenswerte und Gute hält.

Sie brauchen mir, sehr verehrter Herr Professor, auf meinen Brief nicht zu antworten. Ich weiß, daß Sie viele gute Argumente haben, warum es in einem Krankenhaus nur so und nicht anders vor sich gehen kann. Und dennoch fühle ich mich gezwungen, Sie mit einer ganz anderen Sicht der Dinge zu konfrontieren. Ich meine, ich müßte mein Verständnis der Situation wenigstens aussprechen, auch wenn ich nicht verstanden werde.

Trotz allem grüße ich Sie in großer Dankbarkeit.

Auf diesen Brief erhielt ich ein halbes Jahr später Antwort. Prof. C. machte den Vorschlag zu einem Gespräch. Ich lehnte ab, ich war nicht in der Lage, über den Tod von N. zu diskutieren.

Frau Dr. A.
Städt. Krankenhaus X

Sehr geehrte Frau Dr. A.

Ihr freundlicher Brief macht mir Mut, mich mit folgender Bitte an Sie zu wenden:

Über die Erkrankung meines Mannes liegt ein Bericht von dem Krankenhaus X. vor. Bitte, besteht die Möglichkeit, mir eine Abschrift zukommen zu lassen?

Vielleicht sind Sie über diese Bitte erstaunt, ich möchte sie Ihnen näher erläutern:

Als mein Mann im Krankenhaus lag, habe ich gesehen, daß er von sehr tüchtigen Ärzten versorgt wurde. Wir beide haben volles Vertrauen zu Ihnen gehabt. Einerseits aus Scheu, die Ärzte immer wieder mit Fragen zu belästigen, habe ich wahrscheinlich zu wenig Fragen nach der Diagnose gestellt, andererseits aber muß ich gestehen, war es mir nicht so wichtig im Augenblick zu wissen, woran mein Mann erkrankt war. Ich sah eigentlich schon sehr lange, daß er sterben mußte, und hielt es für meine Aufgabe, ihm dabei – so gut ich es vermochte – zur Seite zu stehen. Jetzt aber habe ich das dringende Bedürfnis, auch medizinisch besser zu verstehen, was in ihm vor sich gegangen ist.

Ich weiß, es ist unüblich, an einen Nichtmediziner ein medizinisches Gutachten weiterzugeben. Aber es kann ja wirklich kein Schaden mehr damit angerichtet werden. Ich meine nur, es wäre einem denkenden Menschen nicht zu verwehren, auch sich medizinisch zu orientieren, was in der Erkrankung vor sich gegangen ist. Ich glaube, ich brauche Ihnen nicht zu versichern, daß für mich die Auseinandersetzung mit dem medizinischen Geschehen zur Trauerarbeit dazugehört.

Ich grüße Sie sehr herzlich und wünsche Ihnen alles Gute.

Antwort:
Frau Dr. A. sandte mir umgehend die Fotokopie des Krankenhausberichtes aus dem Krankenhaus X zu.

An die Ärztliche Berufsgenossenschaft

Sehr geehrte Damen und Herren,

im vergangenen Jahr starb mein Mann im Krankenhaus XY. Über seinen Krankenhausaufenthalt und sein Sterben liegt ein Arztbericht an den behandelnden Arzt vor. Ich bitte Sie um Auskunft, ob ich das Recht habe, diesen Arztbericht einzusehen und eine Abschrift darüber anzufordern.

Mit freundlichem Dank für Ihre Bemühungen grüße ich

hochachtungsvoll

Die Antwort erfolgte umgehend. Korrekt.
„Mit vorzüglicher Hochachtung“.

Mir wurde mitgeteilt, daß auch nach der Strafrechtsreform der Arzt die Schweigepflicht über den Tod des Patienten hinaus zu beachten habe. Es sei ihm jedoch anheimgestellt, im Rahmen der Abwägung der Rechtsgüter zwischen der Schweigepflicht und dem Anliegen der Hinterbliebenen zu entscheiden, ob er Angaben über die Untersuchung und Behandlung des Verstorbenen machen wolle oder nicht.

Meine Antwort an die Ärztliche Berufsgenossenschaft lautete:

Sehr geehrter Herr Dr. D.,

Sie waren so freundlich, mir auf meinen Brief zu antworten. Sie weisen auf die Schweigepflicht des Arztes, auch über den Tod des Patienten hinaus, hin und meinen, es sei dem Arzt anheimgestellt, zwischen der Schweigepflicht und dem Anliegen der Hinterbliebenen zu entscheiden. Gerade dagegen wende ich mich. Ich fühle mich der Entscheidung eines Arztes ausgeliefert, der sich auf das Strafrecht berufen kann, um mir wichtige Mitteilungen über den Tod meines Mannes vorzuenthalten. Ich meine, auch logisch ließe sich dieses Schweigen nach dem Tod des Patienten nicht voll begründen. Hätte ich meinen Mann zur Obduktion freigegeben, hätte ich ja eine genaue Auskunft über seine Erkrankung bekommen. Seltsamerweise unterliegt also die Obduktion nicht der Schweigepflicht des Arztes. Mir aber wäre es darauf angekommen, über die letzten Wochen meines Mannes Genaueres zu wissen, um zu verstehen, was in ihm vor sich gegangen ist, und meine, daß dieses menschliche Recht nicht von einem Arzt verweigert werden könnte.

Ich glaube zwar, daß ich mich mit dem betreffenden Arzt einigen kann und er mir den von mir erbetenen Arztbericht überlassen wird, aber im allgemeinen möchte ich dagegen Protest einlegen, daß es dem Willen des Arztes überlassen ist, mir Auskunft über das Sterben meines Mannes zu geben oder nicht.

Dieser Protest gilt nicht Ihnen persönlich, sehr geehrter Herr Dr. D., aber ich weiß im Augenblick nicht, an wen ich ihn sonst richten kann.

Mit vorzüglicher Hochachtung

Atteste und Arztberichte

Die Arztberichte geben in nüchterner Sprache wieder, was sich medizinisch in diesen vier Wochen abgespielt hat. Sie sind das Gegenstück zu meiner Erfahrung. So sieht Krankheit und Sterben in der Sprache der Mediziner aus. Versachlicht, objektiviert, auf erträgliche Distanz gehalten. Die Dokumentation über das Sterben im Krankenhaus ist nicht vollständig, wenn die Arztberichte darin fehlen würden. Sie sind nur in wenigen Punkten gekürzt, in jenen Angaben, die die Laborbefunde betreffen und die nicht nur für mich, sondern für die meisten Laien unverständlich sind.

Städt. Krankenhaus X,
Chefarzt Dr. B.

Betreff: Herr N., geb. ...

Herrn Dr. E.,

wir erlauben uns, in dieser Form über oben genannten Patienten zu berichten.

Wichtige anamnest. Daten:
Herr N. kam am Abend des ... wegen plötzlicher starker Atemnot, verbunden mit heftigen Hustenanfällen, in unsere interne Nothilfe, von wo er wegen Verdachts auf eine frische Lungenembolie sofort in den cardiologischen Wachraum gebracht wurde. Nach Angaben seiner Frau habe er Ähnliches, nur in abgeschwächter Form, in letzter Zeit schon öfters gehabt, sei deswegen jedoch nie in ärztlicher Behandlung gewesen.

Im übrigen sei vor ca. 20 Jahren eine Herzvergrößerung festgestellt worden, deren Ursache angeblich eine Myocarditis aufgrund mehrfacher rheumatischer Schübe gewesen sei. Vor vier Jahren wurde ein hoher Blutdruck festgestellt, jedoch nicht näher abgeklärt.

Auffällige klinische Befunde:
Schlechter AZ, guter EZ, Bewußtseinslage somnolent. Hautfarbe blaß, periphere Zyanose. Am Augenhintergrund fundus skleroticus und hypertonicus mit angiospastischer Komponente. Geringgradige Stauung der Halsvenen. Starke Dyspnoe, über allen Lungenabschnitten feuchte, grobblasige GGs, dabei geringgradige Spastik. Herz bds. vergrößert, Herzaktion regelmäßig bei einer zentralen Frequenz von 132/Min., peripher 108/Min.; RR 190/100 mm Hg. Leber 2 Querfinger unter dem rechten Rippenbogen tastbar. Neurologisch unauffällig.

Laborbef.: ...
Weitere Untersuchungen: ...
Beurteilung:
Frischer transmuraler Vorderwandinfarkt mit mehrfachen Rezidiven in diesem Bereich. Wahrscheinlich Ausbildung eines Herzwandaneurysmas.

Diagnosen:
Transmuraler Vorderwandinfarkt mit mehrfachen Rezidiven.
Cardiogener Schock mit Herz-Kreislaufversagen.
Chronische Niereninsuffizienz mit Nierenversagen durch zunehmende Urämie.
Hypertonus.
Hypercholesterinämie.

Therapie und Verlauf:
Die anfängliche Einweisungsdiagnose einer frischen Lungenembolie konnte aufgrund der Anamnese, Klinik- und Laborbefunde verworfen werden. Der Pat. wurde im Hinblick auf das bestehende Prä-Lungenödem bei frischem Herzinfarkt ausreichend digitalisiert und diuretisch behandelt, wodurch sich der Allgemeinzustand anfänglich sehr rasch besserte, so daß wir den Pat. bereits nach fünf Tagen auf eine Allgemeinstation verlegen konnten. Zwei Tage später verschlechterte sich der Zustand sowohl kardial als auch kreislaufmäßig so sehr, so daß wir den Pat. erneut auf unsere Wachstation übernahmen. Außer einem Infarkt-Rezidiv war der Pat. auch in bezug auf seine Nieren entgleist. In den folgenden Tagen gesellte sich eine Begleitperikarditis hinzu, es stellten sich erhebliche Herzrhythmusstörungen ein, und das subjektive Wohlbefinden des Pat. ließ stark nach. Trotzdem erholte sich der Pat. allmählich, so daß wir ihn am ... auf eine Allgemeinstation verlegen konnten. Fünf Tage später kam der Pat. zunehmend in eine urämische Stoffwechsellage, hinzu kam ein erneutes Infarktrezidiv, so daß er am ... im Herz-Kreislaufversagen starb (im Krh XY, wohin wir ihn zur Hämodialyse verlegt hatten; siehe Anlage).

gez. Chefarzt i.V. Oa Dr. F. — Stationsarzt Dr. A.

Städt. Krankenhaus XY
Herrn Chefarzt Dr. B
Städt. Krankenhaus X

wir berichten Ihnen heute abschließend über Herrn N., geb. ..., der am ... zur Hämodialyse auf unsere Intensivstation verlegt wurde und dort am Abend verstarb.

Diagnose:
Cardiogener Schock bei V.a. Reinfarkt im Vorderwandbereich, Nierenversagen mit Anurie, Digitalisüberdosierung.
Vorgeschichte:
Die Anamnese dürfen wir als bekannt voraussetzen. In den letzten Tagen vor Verlegung des Patienten war es zum zunehmenden, therapieresistenten Nierenversagen bei Niereninsuffizienz gekommen. Es wurde daher mit der Nephrologischen Abteilung unseres Hauses eine Verlegung zur Hämodialyse vereinbart, wobei der Patient zwischenzeitlich von unserer kardiologischen Intensivstation betreut werden sollte.

Bei vorher normalen Kreislaufverhältnissen trat kurz vor dem Hubschraubertransport ein Blutdruckabfall auf 85/65 mm Hg ein, nach Angaben des begleitenden Arztes sank der Blutdruck während des Transportes auf nicht meßbare Werte, worauf der Patient den größten Teil der mitgegebenen Dopamin- und Akrinordosis erhielt.

Befund:
Bei der Übernahme sahen wir einen nicht orientierten, kalt schwitzenden Patienten im Schock mit nicht meßbarem Blutdruck, Femoralis- und Carotispuls tastbar, 100/min., zentral 148/min., vorwiegend regelmäßig, Akren kühl, leichte Zyanose. Die Pupillen waren wohl aufgrund der Dopaminzufuhr maximal dilatiert. Herztöne leise, rein, keine Extratöne, mäßige obere Einflußstauung, bei ausreichender Spontanatmung waren rechtsbasal fein- und mittelblasige RGs zu hören. Über dem gesamten Abdomen wurde ein leichter diffuser Druckschmerz angegeben, Darmgeräusche waren nicht auskultierbar.

Notfall-Laborwerte: ...

Verlauf:
Über einen Subclaviakatheter erhielt der Patient anfangs Akrinor und Hydergin, nach einigen Stunden konnte wieder auf Dopamin zur gleichzeitigen Verbesserung der Nierendurchblutung umgesetzt werden. Wir setzten die Digitalispause fort und gaben zur Verbesserung der Inotropie Glukagon, und wegen der hohen Kaliumwerte konnte kein Aldactone gegeben werden. Nach Rücksprache mit dem nephrologischen Konsiliararzt erhielt der Patient 1 Amp. Lasix spez. über sechs Stunden. Die antibiotische Therapie mit Cephalotin wurde fortgesetzt. Bei nur vereinzelten Extrasystolen wurde auf eine antiarrhythmische Behandlung verzichtet.

Wegen des schlechten Allgemeinzustandes des Patienten konnte der Scribner-Shunt zur Vorbereitung der Hämodialyse nicht angelegt werden. Die Blutdruckwerte stiegen kurzfristig auf 90 mm Hg systolisch an, sanken dann wieder auf unmeßbare Werte ab. Die Urinausscheidung sistierte weiterhin. Nach fünf Stunden kam es zu einer Verbreiterung der QRS-Komplexe und zunehmend hämodynamisch unwirksamen Systolen, wobei auch Kalzium i. v. keine Änderung erbrachte. Innerhalb weniger Minuten trat dann über eine weitere Kammerkomplexverbreiterung auch die elektrische Asystolie ein. Von weiteren Reanimationsmaßnahmen wurde abgesehen.

Eine Obduktion wurde von der Ehefrau nicht genehmigt.

Rechnungen

Rechnungen sind zumeist eine unerfreuliche Angelegenheit. Aber diese Rechnungen waren das letzte, was mir von N. blieb, was mir von N. zukam, viele Monate, nachdem er gestorben war. Sie waren die letzten Dokumente seines Lebendigseins. Sie waren für mich wie ein letzter Beweis seines Lebens, wie eine letzte Bestätigung. Ich habe sie bezahlt mit einer inneren Befriedigung, wie als ob ich mich dadurch noch einmal seiner vergangenen Existenz versichern könnte. Die Rechnungen entstanden im Jahre 1974. Am meisten rührten mich die Telefonkosten von 60 Pfennig. Aber auch die Krankenhausrechnung fand ich bedenkenswert. 28 Tage Krankenhausaufenthalt hatten DM 9726,70 verschlungen. Davon war bei weitem nicht die Hälfte für die stationäre Behandlung und Pflege berechnet. Der Tag hatte DM 155,– gekostet. Die übrigen DM 5386,70 setzten sich aus den verschiedenen ärztlichen Honorarforderungen zusammen. Ich glaube nicht, daß die einzelnen Forderungen überhöht sind. Nicht deswegen führe ich sie an, sondern weil ich meine, daß sie auf überraschende Weise gewichtet werden. Am teuersten scheint zu sein, was Technik beansprucht. Nicht menschliche Zuwendung und Pflege ist das kostbarste, das hochbezahlteste, sondern Apparate, automatisierte Laboruntersuchungen. Mir kommt es so vor, als ob sich hier etwas von dem Geist der Medizin kundtut. Ein Geist, dem die Technik über dem Menschen steht.

Die Aufzeichnungen

Ich habe die Dokumente über ihn gesammelt, meine Aufzeichnungen, die Todesanzeige und die Danksagung. Ich möchte, daß die Kinder einmal diese Dokumente besitzen. Sie liegen in einem Aktendeckel.

Jetzt, da ich die Aufzeichnungen noch einmal durchsehe, fällt mein Blick auf die Innenseite des Aktendeckels. Es ist ein Aktendeckel, den N. schon benutzt hatte. Ich wußte es nicht. In seiner vertrauten Handschrift steht darauf: „Israel hofft auf den Herrn."

Ein Aktendeckel mit den Aufzeichnungen von N.s Tod. Eine Überschrift auf einem Aktendeckel – Sinnfindung eines Lebens?

X.
Gedanken zu Geburt und Tod

Ein Nachwort zur Neuausgabe

Geborenwerden und Sterben

Unser ganzes Leben lang setzen wir uns mit den Bedingungen unserer Geburt und den in den ersten Monaten und Jahren gemachten Entwicklungen und Erfahrungen auseinander. Diese Auseinandersetzung, die wir auch Reifung nennen können, erstreckt sich bis zur Stunde unseres Todes hin. Ja, es sieht so aus, als wäre diese Auseinandersetzung das wesentliche Merkmal unserer letzten Monate, Tage und Stunden. Als würden im Sterben die Bedingungen des Lebens noch einmal in besonders verschärftem Maße wiederholt.

Geburt und Tod, beides geschieht mit uns. Über das Geborenwerden werden wir nicht befragt, und ob wir eine Chance haben, über unser Sterben zu bestimmen, ist höchst fraglich. Es liegt also in beiden Situationen etwas von einem Ausgeliefertsein. So wie wir heute versuchen, das Kind nicht die plötzliche Trennung vom Mutterschoß allzu übergangslos erleiden zu lassen, sondern auf seine Bedürfnisse hören, so müßte es auch mit dem Sterben sein. Es sollte schlechthin nur das geschehen, was dem Sterbenden guttut. Was ihm hilft, auch die letzten Tage menschlich, in Würde, nicht in Verlassenheit, nicht in Abgeschobensein, sondern in Begleitung und in liebevoller Umgebung zu leben.

Es gibt eine Unmenge Parallelen zwischen dem kleinen hilflosen Kind und dem kranken, ermatteten, von Schmerzen, Atemnot und Übelkeit zermürbten Sterbenden. Aus dieser Parallele heraus ergeben sich auch im Unbewußten des Menschen ähnliche Situationen.

Ein Säugling weint. Dieses Weinen ist nicht bloß ein rein körperlicher Reflex auf physiologische Vorgänge, auf Hungern, Frieren, Unbehagen, sondern das Weinen des Kindes bringt eine Not zum Ausdruck, die die Mutter bald zu interpretieren und zu lindern versteht. Das Kind fühlt sich allein, verlassen, fremd, unbehaglich, es hat Hunger. Die Tiefenpsychologie spricht von der Vernichtungsangst, von der Angst des Kindes, das Leben, das ihm erst vor wenigen Tagen und Wochen geschenkt worden ist, zu verlieren, nicht mehr existieren zu können; und wirklich ist es ja so: es genügen unter Umständen wenige Stunden ohne Flüssigkeitszufuhr für das Neugeborene, um es zu töten.

Diese Vernichtungsangst begleitet uns zeit unseres Lebens. Wenn wir aber vom Glück begünstigt sind und nicht in einer Kriegszeit aufwachsen und über Jahre hinweg befürchten müssen, durch Bomben oder irgendwelche kriegerischen Einwirkungen vernichtet zu werden, ist diese Angst über lange Zeit hinweg nicht das Vordringliche in unserem Leben. Vor allem, wenn die Kindheit glücklich verläuft, wenn eine gute Beziehung zwischen Mutter und Kind sich entwickelt, wenn es in eine Familie hineinwächst, in der es willkommen ist, in der es Vertrauen, Urvertrauen entwickeln kann, dann wird diese Vernichtungsangst abgeschwächt, sie verblaßt, aber es gibt keinen Menschen, in dessen Seele sie nicht vorhanden, sozusagen abrufbar, wieder intensivierbar ist.

Es liegt auf der Hand, daß diese Vernichtungsangst dringlicher, überwältigender wird in wirklichen Notsituationen, etwa bei einem Verkehrsunfall, bei einer schweren Erkrankung, ganz gewiß aber, wenn unser Leben zu Ende geht, wenn es wirklich auf die Vernichtung zugeht. Wie diese Vernichtung aussehen wird, wissen wir nicht. Neben allem Gottvertrauen und aller Hoffnung, daß Gott auch im Tod seine Hand über uns hält, rückt doch für jeden Menschen das Grauen der Vernichtung nahe. Wobei sicher viele Menschen weniger Angst haben vor der Vernichtung im Tode als vor dem elendiglichen Sterben.

Und wie das kleine Kind lernt, Vertrauen in das Leben, in die Eltern, in die Geschwister, in das Heim, in die Umwelt zu haben, so sind auch die großen Tröstungen im Sterben das Nichtalleingelassen-Werden, das Heim oder das Zimmer, das so heimisch wie nur möglich gemacht wird, damit der Sterbende Beständigkeit und Zuwendung erfährt; und ebenso wie beim Kind ist die Zuwendung oft überwiegend eine Zuwendung zum Leiblichen.

Das Kind verfügt noch nicht über ein reifes Ich-Bewußtsein, aber es erfährt sich schon als Ich in seinem Körper, als etwas, das Hunger hat, das Wärme wohlig empfindet, das Schmerzen erleidet. Deswegen wird vom Körper-Ich des Kindes gesprochen. Sogar sein Selbstbewußtsein entsteht zunächst über das Körper-Ich, das heißt: das bin ich, der laufen, der springen, der Ball werfen kann. Später erweitert sich die Vorstellung des Kindes über sich selbst auch auf die seelische Beziehung. Das bin ich, der nein sagt, der die Mutter liebt, der sich freut.

Und wie in der Kindheit, so ist es auch in der Krankheit und im Sterben: Das Selbstbewußtsein reduziert sich in hohem Ausmaß auf die körperlichen Bedürfnisse, auf das Fieber, das Unwohlsein, die Benommenheit, die Schmerzen, die Übelkeit, die Atemnot. Indem das Kind liebevoll gepflegt und gesäubert, genährt und gestillt wird, gewinnt es Vertrauen in das Leben; indem der Kranke oder Sterbende liebevoll und aufmerksam versorgt, gepflegt, gesäubert, betreut und, wenn es sein muß, gehütet wird, um so mehr kann er sich selbst in dieser Situation wiederfinden, nicht als einer, der aufgegeben und nicht geliebt wird, sondern als einer, den man mag, den man mit Freundlichkeit umgibt, an dessen Leben, an dessen Existenz man Interesse hat.

Trennungsangst

Man nennt die Vernichtungsangst, die das kleine Kind erfährt und die uns im Unbewußten ein Leben lang begleitet, die erste Angst, die das Kind erlebt. Später differenziert sich diese Angst in die Furcht vor Trennung. Trennung aber kann nur dann erfahren werden, wenn schon eine Verbindung, eine Bindung erfahren worden ist. Wie oft schreit ein Kind, wenn die Mutter aus dem Zimmer geht, wenn es in sein Bettchen gelegt wird und schlafen soll. Das Kind hat noch nicht genug Erfahrung gemacht, daß die Mutter in der Nähe ist, daß die Mutter wiederkommt, daß es keinen endgültigen Verlust erleidet, sondern daß es nur ein kleines Weilchen Geduld haben muß. Die Vernichtungsangst wird blasser, die Trennungsangst wird vorherrschend.

Es gibt kaum ein Leben ohne Abschied und Trennung. Und sei es nur der Umzug von einem Vorort in den andern, von einer Stadt in die andere, der Wechsel der Schule, der Verlust eines Schulgefährten, der Tod der Großmutter, das Zuendegehen einer Ferienfreundschaft, der Wegzug eines Freundes, die Abreise des Großvaters nach einem längeren Besuch. Man sagt, Abschied, das ist immer ein wenig Sterben (un peu mourir). Das, was gewesen ist, wird nicht mehr gelebt, wird nicht mehr gestaltet, ist nicht mehr lebendig, es ist nur noch in der Erinnerung gegenwärtig. Wir haben zwar die Hoffnung, daß es wieder erneuert werden kann, der Freund kann auf Besuch kommen, wir selbst werden zum Großvater fahren, beim nächsten Urlaub begegnen wir der Freundin wieder, aber für die kommende Zeit ist die Trennung gegenwärtig, unter Umständen total und, wie der alte Mensch weiß, oftmals auch nicht mehr rückgängig zu machen. Das ist ein Bild für das Sterben, das endgültige Auseinandergehen, das sich Nicht-mehr-erreichen-Können, das Sich-Nicht-mehr-bei-der-Hand-Halten, das Auf-den-andern-verzichten-Müssen, daß keine Nähe mehr möglich ist, nur noch Erinnerung, nur noch Gedenken, nur noch liebevolles Entbehren und Trauern.

Es ist an sich verständlich, daß im Sterben die gleiche Trennungsangst sich wiederholt, Menschen, die das Urvertrauen nicht gewinnen konnten, erleiden im Tod schwere Ängste, weil das, was sie ein Leben lang befürchtet haben, auf sie zuzukommen scheint: die Vernichtung. Ähnliches läuft mit der Trennungsangst ab. Ein Mensch, der als kleines Kind nicht gelernt hat, er darf sich ein paar Schritte, ja ein paar Türen, ja ein paar Häuser von der Mutter entfernen, ohne daß er sie endgültig verliert, wird viel schwerer Abschied nehmen können von seinen Lieben, weil er nicht aus dieser Erfahrung heraus gewiß sein kann, daß Liebe beständig bleibt, daß Zuneigung erhalten bleibt, daß Erinnerung nicht ausgelöscht wird, daß irgendwie die Beziehung bestehen bleibt.

Aus diesen Überlegungen heraus ist es verständlich, daß es Menschen mit sehr verschieden starken Ängsten gibt, die alle ein Recht darauf haben, entsprechend ihrer besonderen Ängste intensiv und liebevoll und getreulich begleitet zu werden.

Für das Kinderleben sind noch weitere Ängste typisch, die aber eine größere Reifung im Kind voraussetzen, so z. B. die Angst um den Verlust der Liebe des geliebten Menschen, ferner die Kastrationsangst oder die Furcht vor dem überstrengen Gewissen.

Auch diese Ängste kommen von neuem auf den Sterbenden zu, sind aber nicht allgemein wie die Vernichtungs- und Trennungsangst. Daß die Kastrationsangst vor allem bei jungen Menschen, etwa bei einem leukämiekranken jungen Mann, der sein Bein verliert, oder bei Menschen, die eine schwere verstümmelnde Operation mitmachen, akut wird, ist gut vorstellbar. Die Angst vor dem Verlust der Liebe des geliebten Menschen gerät zeitweilig in den Mittelpunkt. Beim Kind meint sie, daß die Mutter böse ist und dem Kind sagt, ich mag dich nicht mehr. Spurenweise werden wir das aber auch beim sterbenden und schwerkranken Menschen finden: mag er mich noch, auch wenn ich häßlich bin, wenn ich vielleicht unerträglich rieche, wenn ich nicht mehr attraktiv bin, wenn meine Brust abgenommen ist, wenn ich nicht mehr zeugungsfähig bin durch einen Hodenkrebs. Diese Angst wird, entsprechend der jeweiligen seelischen Konstitution und den äußeren Bedingungen, ein mehr oder minder großes Gewicht erhalten.

Auch die Furcht vor dem überstrengen Gewissen tritt im Sterben wieder auf. Unser Vertrauen auf die Barmherzigkeit Gottes kann uns getrost in den Tod hineingehen lassen. Dennoch haben wir in unserem Leben unendlich viel versäumt und große Selbstzufriedenheit steht uns am Ende des Lebens nicht zu. Deswegen ist es für den Sterbenden tröstlich, wenn er seine Angelegenheiten regeln, vielleicht manches wiedergutmachen kann. Vor allem die Versöhnung zwischen Verwandten und Freunden lindert die Furcht vor dem verurteilenden Gewissen.

In den ersten Lebensjahren entwickelt das Kind Mechanismen, wie es mit seinen Ängsten fertig wird. Es lernt seine Angst zu verleugnen, es flüchtet sich hinein in die Vorstellung, allmächtig zu sein. Gewiß sind das keine ausgeprägten Gedanken – das Kind könnte dergleichen nie formulieren –, aber sein Verhalten zeigt es deutlich. Wenn so ein kleiner anderthalbjähriger Dreikäsehoch immer noch erwartet, daß die Mutter ihm jeden Augenblick zur Verfügung steht und daß der Vater keine eigenen Bedürfnisse hat, sondern nur dazu da ist, die Wünsche des Kindes zu erfüllen – so entsteht ein Allmachts- oder Größenbewußtsein, das uns unter Umständen zeit unseres Lebens begleitet. Dieses Omnipotenzgefühl ist in jedem Menschen unbewußt vorhanden, obwohl wir weder allmächtig noch gottähnlich sind. Aber in unseren seelischen Ansprüchen, in unseren unbewußten Erwartungen an uns selbst und an die Reaktion der andern spielen uns unsere narzißtischen Phantasien manche Streiche. Wir müssen diese Allmachtswünsche und Allmachtsgefühle in uns erkennen, um reif zu werden, um unsere wirklichen Fähigkeiten abzuschätzen, um uns nicht als Mittelpunkt der Welt zu erfahren, wie wir uns als Kind jahrelang erfahren durften. Es ist also sicher ein Zeichen von Reife, wenn diese vermeintliche Allmachtserfahrung gemindert wird. Die heute weit verbreitete Verdrängung unserer Sterblichkeit, die Verdrängung des Todes aus unserem Leben, das Abschieben der Sterbenden, das Nicht-wahrhaben-Wollen unserer eigenen stetigen Gefährdung, unseres eigenen ständigen Ausgeliefertseins an das Sterbenmüssen hat etwas mit dem nichtbewältigten Allmachtsgefühl in der Kindheit zu tun.

In diesem Punkt scheint ein Mann mehr gefährdet zu sein als eine Frau; die Mächtigkeitsphantasien des Mannes sind weniger von der Realität korrigiert als die der Frau.

Diese in der Welt immer mehr wachsenden Allmachtsphantasien, die ganz und gar unbewußt sind und die wir nur mit großen Schwierigkeiten in uns selber entdecken können – sind durch die Erfolge der Zivilisation in uns verstärkt worden. Wir werden nur allzu selten mit dem Gegenteil, nämlich mit dem Scheitern der Grandiosität, mit dem Scheitern des Lebens, mit einem vorzeitigen Tod konfrontiert. Die wenigsten jungen Menschen haben einen Tod in der Familie erlebt, haben sich selbst einmal extrem gefährdet erfahren, sind nicht in plötzliche Vernichtung, in Tod oder in Trennung hineingestoßen worden. Bei den meisten Menschen ist „immer alles gut gegangen". Das verdanken wir der ins Unwahrscheinliche entwickelten Technik der Medizin, der Kunst der Ärzte und Pflegerinnen, den Millionen und Milliarden, die an Geld auch zu unserer eigenen Behütung aufgebracht werden, der Bannung der Seuchen und dem größeren Verständnis medizinischer Zusammenhänge. Gewiß hat es Allmachtsvorstellungen und Allmachtsbewußtsein und Größenwahn in jedem Zeitpunkt unserer unseligen menschlichen Geschichte gegeben, in der grauen Vorzeit, in der Antike, im Mittelalter, in der Neuzeit nicht anders als heute. Aber das Ausmaß des Größenwahns konnte nie so überhandnehmen, weil der Tod real zu sehr im Wege stand.

Das Hilfs-Ich

Wie bewältigt ein kleines Kind die schwere Aufgabe, seine Ängste zu mindern, seine Allmachtsvorstellung zu reduzieren, reif zu werden? Das gelingt ihm nur, wenn ihm ein verläßlicher Begleiter zur Seite steht. Dieser Begleiter muß selbst gelernt haben, seine Ängste zu bestehen, seinen Grandiositätsvorstellungen nicht freien Lauf zu lassen, er muß Stärke, Reife, Geduld aufweisen und dazu noch über Sensibilität und Mitfühlenkönnen verfügen. Dem schwachen, wenig entwickelten Ich des Kindes muß ein gefestigtes Ich eines Erwachsenen zur Seite gestellt werden. Die Funktion dieses Erwachsenen, durchweg des Vaters oder der Mutter, wird Hilfs-Ich genannt. An der Hand dieses Erwachsenen kann das Kind wagen, die ersten Schritte zu tun, von der Mauer in seine Arme zu springen, Angst vor der Nacht und Kränkung durch den Hausmeister durchzustehen. An seiner Hand erobert es die Umwelt. In seiner Gegenwart ist ein Gewitter nicht so bedrohlich, eine Aufgabe bewältigbar, ein Kummer zu ertragen.

Eines solchen treuen Begleiters bedarf auch der Sterbende. Der Sterbende verfügt ja nicht mehr über seine vollen Kräfte, er ist in vielen Funktionen reduziert. Er ist nicht mehr der, dem seine Fähigkeiten zur Verfügung stehen. Er regrediert auf frühere Entwicklungsstufen, er nähert sich in manchen Positionen wieder der Kindheit an, in seiner Unselbständigkeit, in seiner Hilflosigkeit, in seinem Ausgeliefertsein. Deswegen muß er begleitet sein von einem Menschen, der einspringt, wenn er sich selbst nicht mehr zu helfen vermag.

In der Sterbebegleitung wiederholt sich etwas, was wir schon als Kinder und Säuglinge erfahren haben: Es ist einer da, der sich uns zuwendet, wir sind nicht allein, wir sind nicht verlassen. Empathie ist vonnöten. Das bedeutet: Mitfühlen, Mitempfinden, das Mitschwingen in den Bedürfnissen des andern. D.h., wir tragen nicht an den andern heran, was wir uns vorstellen, was ihm guttut, sondern wir versuchen zu erspüren, was seine Bedürfnisse sind. Genauso wie wir es als Mutter dem kleinen Kind gegenüber erspüren. Warum weint es? Hat es Hunger? Ist ihm kalt? Hat es Schmerzen? Fühlt es sich allein? Mütter haben ein sehr genaues Ohr dafür, was dem Kind guttut, warum es schreit, sie vermögen sein wortloses Klagen zu interpretieren. So sind auch die Frauen die begabteren Begleiter für Menschen, die im Sterben liegen.

Wie bei den Kleinkindern können wir uns in den meisten Fällen darauf verlassen, daß die Sterbenden unsere Nähe spüren wollen, daß sie gewiß sein wollen, nicht verlassen und ausgeliefert auf das Unvorstellbare zugehen zu müssen. Daß keine maßlose Vernichtungsangst den Sterbenden packt, sondern das Vertrauen ihn erfüllt, so, wie in meiner Kindheit immer einer da war, der mir gut war, so wie in mir das Vertrauen gewachsen ist, es ist einer da, der hilft, der mein Schreien hört, der sich mir zuwendet, so soll aus unserer Nähe der Kranke und Sterbende gewiß werden: wenn einer da ist, der mir beisteht, der mir an der Seite bleibt, so kann der Tod nicht in eine entsetzliche Vernichtung führen, sondern er muß etwas mit sich bringen, was gut ist, was tröstlich ist. D.h. zwar nicht, daß ich keine Angst haben muß, weil es so fremd und so anders ist und weil der Abschied auf jeden Fall weh tut, aber es ist keine Auslöschung, vor der ich Angst haben muß.

So wie die Mutter die Angst des Kindes lindern konnte, so kann ein liebevoller Begleiter die Angst des Sterbenden vor dem, was da kommen mag, mildern. Wie beim Kind geht die Nähe sehr oft über Körperkontakt vor sich. Aber auch da müssen wir auf die Zeichen horchen, ob der Sterbende zu Körperkontakt bereit ist. Es gibt Sterbende, die nicht mehr wollen, daß ihnen der Schweiß von der Stirn abgewischt wird, die nicht mehr wollen, daß man sich medizinisch mit ihnen beschäftigt, aber die meisten erleben die Nähe als hilfreich. Sterbende, die das Glück haben, daheim die letzten Tage zu verbringen, bitten oftmals die ganze Familie sich zu versammeln, ertragen es nicht nur, sondern wünschen, daß man sich zu ihnen ins Bett legt, daß sie in dieser Stunde noch einmal Geborgenheit und Nähe erfahren können – wie als Kind im Bett zwischen den Eltern.

Ich-Funktionen

Das kleine Kind gewinnt im Laufe der ersten Monate viele Fähigkeiten: Es lernt zu sehen, zu unterscheiden, zu greifen, in Kontakt zu treten durch Blicke, durch Laute. Es lernt zu laufen, zu sprechen, zu singen. Und schließlich geht es in die Schule, um all das zu lernen, was ihm nicht von selbst im Laufe seiner Entwicklung zuwächst. Es wird tüchtig. Es gewinnt immer mehr Können. Es „funktioniert". Diese Fähigkeiten, die es bewußt steuern kann, werden Ich-Funktionen genannt.

Für den Sterbenden ist der teilweise Verlust dieser Ich-Funktionen besonders schmerzlich. Deswegen ist es notwendig, daß sie ihm, so weit wie möglich, erhalten bleiben. Diese Aufgabe ist besonders deutlich in der Betreuung sterbender Kinder erkannt worden.

Den sterbenden Kindern wird Leben bis zum letzten Tag ermöglicht. Solange sie Freude daran haben, sollen sie lernen. Wir bieten ihnen an, Anteil zu nehmen an den Spielen der andern, wir wollen sie nicht ausblenden aus dem Leben, sondern sie an Spaß und Scherz und Erzählungen, an Gottesdiensten, an Gebeten, an Gesprächen teilnehmen lassen. Es wird geschildert, wie Kinder noch am Tag vor ihrem Tod das Faschingsfest mitgefeiert haben: sie sollen voller Freude, wenn auch mit verminderter Kraft, an allem teilnehmen können. Das Leben muß bis zuletzt sinnvoll bleiben. Das heißt, es ist unsere Aufgabe, die schweren Beeinträchtigungen durch das Sterben, wie da sein können Schmerzen, Übelkeit, Schwäche, Atemnot und Bewußtseinstrübung, Behinderung und Entstellung so stark einzudämmen, wie es nur eben geht, so daß die Kräfte erhalten bleiben zu einem Gespräch, zu einem Blick aus dem Fenster, zu einer stillen Verständigung, zu einem Mitbeten, zu einem Horchen auf ein Lied. Was für unsere kranken und sterbenden Kinder gut ist, ist auch für alle Alten und Sterbenden richtig. Wir sollen unsere Schwerkranken und Sterbenden nicht in einer Abstellkammer abstellen, wo sie allmählich hinüberdämmern und niemand ihnen beisteht, sondern sie sollen bis zum Schluß ihr Leben leben dürfen, auch das Sterben als ein Stück des Lebens empfangen, das schmerzlich und schwer ist, aber dennoch ein Leben, wenn vielleicht auch unter einer anderen, eingeschränkten Dimension, aber Leben alleweil.

Vielleicht haben wir in unserem Leben nur wenig Einschränkungen und Verzicht hinnehmen müssen. Viele Menschen werden damit erst im Sterben konfrontiert. Auch das Leben unter Beeinträchtigung und unter Einschränkung ist ein Teil des Lebens und eine unverzichtbare Lebenserfahrung. Eine Erfahrung, der der moderne Mensch sich möglichst entzieht, weil sie seinen Omnipotenzvorstellungen widerspricht.

Die Erhaltung und Stützung der Ich-Kräfte sind für den erwachsenen Sterbenden genauso wichtig wie für ein Kind. Nur scheint die Empathiefähigkeit des Begleiters gegenüber einem Erwachsenen schwieriger zu sein. Einem Kind gegenüber fallen so viele Vorbehalte leichter weg.

Es gibt ja unendlich viele Möglichkeiten, wie Sterben sich gestaltet, ob es innerhalb von Tagen, Wochen, Monaten oder Jahren vor sich geht. Wie viele Krebskranke wissen, daß sie unheilbar krank sind und auf den Tod zugehen und dennoch mehrere Jahre leben, und zwar ein Leben führen, das durchaus nicht ein Dahinvegetieren und Existieren am Rand des Minimums ist, sondern die mit Hilfe ihrer Angehörigen ihre Existenz erweitern können: wenn sie zu schwach sind, selbst etwas zu unternehmen, werden sie von den Angehörigen gefahren, sie dürfen noch einmal die Heimat sehen, sie dürfen noch einmal eine Stätte sehen, die sie sehr geliebt haben; es gibt die Möglichkeit, sehr viel Sinnvolles zu tun, wenn man weiß, es geht dem endgültigen Ende zu, es bleibt nicht mehr viel Zeit. Es kann eine besonders erfüllte Zeit sein, wenn es uns vergönnt ist, uns nicht an Schmerzen, Übelkeit und Angst wundzureiben, sondern noch, wenn auch mit eingeschränkten Kräften, Neuem zu begegnen, neue Erfahrungen zu machen, Sinn zu finden im mühseligen Alltag und bewußt Abschied zu nehmen – zum letzten Mal die Heimat sehen, den Nachbarn von früher, die Freundin aus der Kinderzeit. Noch einmal an den geliebten See fahren, das perlmuttfarbene Schimmern auf dem Wasser, das Graugrün der alten Oliven in ihrer Unveränderlichkeit zu sehen.

Was macht Leben möglich – selbst im Sterben? Die großen Verluste, die im Altwerden und Sterben liegen – Verluste von Können und Fähigkeiten, die uns bisher zur Verfügung standen, führen zu erheblichen Identitätskrisen.

Besonders zentral ist die Krise, körperliche Fähigkeiten zu entbehren. Der Leib – das sind ja wir selbst. Wir fühlen uns im Altwerden und Sterben von uns selbst, von dem vertrauten Ich im Leib, im Stich gelassen.

Diese Bedrohung des „Körperschemas" trifft die meisten Menschen vor dem Sterben. Die ursprünglichste Gewißheit, mit sich selbst identisch zu sein, mit seinen leiblichen Vorgängen eins zu sein, die Selbstverständlichkeit der leibhaftigen Existenz mit ihrer Einmaligkeit, mit ihrem Können und Vermögen, mit ihrer Geschicklichkeit und Natürlichkeit ist in Frage gestellt, ist untergraben, ist zerstört.

Dieser Identitätsverlust stürzt den Menschen in eine schwere Krise. Das selbstverständliche Behaust-sein im Leiblichen – eine Erfahrung vieler Jahre und Jahrzehnte – ist dahin. Ein Prozeß des Umdenkens und des inneren Umgestaltens des Körperbildes muß einsetzen. Eine Umstrukturierung der Identität ist vonnöten. Diese Aufgabe trifft nicht nur die in hohem Alter Sterbenden, sondern auch die Verunglückten und Amputierten. Das Entsetzen über den Verlust selbstverständlicher Fähigkeiten muß bewältigt, Trauerarbeit geleistet werden.

Je größer die Ich-Stärke eines Menschen ist, je bewußter er bisher im Leiblichen gelebt hat, um so eher kann er sich selbst in den neuen Gegebenheiten seiner Leiblichkeit wieder beheimatet machen. Für ein Kind ist die Bewältigung einer solchen Aufgabe ohne ein verläßliches, mit ihm treu verbundenes Hilfs-Ich kaum möglich. Aber auch der Kranke oder der alte Mensch braucht jemanden, der ihm zur Seite steht, seine Klagen über den Verlust seiner Fähigkeiten ernst nimmt, ihm seine Trauer nicht ausredet und Hilfestellung in der Integration der leiblichen Einschränkung bietet. Diese Hilfestellung beinhaltet nicht nur seelische Stützung, sondern auch Vermittlung körperlicher Hilfe durch sorgfältige Pflege, Bereitstellung eines Rollstuhles oder dergleichen. Ein Mensch, der die Mitte in sich selbst verliert dadurch, daß er einen nicht wiedergutzumachenden Identitätsverlust erleidet, hat nicht die Möglichkeit, in seinen Tod einzustimmen, weil er in sich nicht stimmig ist. Er muß sich verzweifelt gegen seinen Tod wehren, oder er läßt sich widerstandslos sterben, weil sein Leben in der gebrochenen Identität für ihn sinnlos geworden ist.

Der Verlust des sogenannten Körper-Ich-Bildes wird vom Schwerkranken und Sterbenden auch in einer anderen Erfahrung gemacht: in dem Ausgeliefertsein an furchtbare Schmerzen. Oftmals gehen starke Schmerzen mit schweren operativen Eingriffen oder Amputationen Hand in Hand. Aber auch ohne Operation erlebt sich der Kranke und Sterbende von seinem Körper im Stich gelassen – die selbstverständliche Vertrautheit ist geschwunden, die leibliche Koexistenz in ihren Schmerzen wird als Verrat, als Treuebruch erlebt. Dieser Mensch mit diesen unerträglichen Schmerzen – das bin nicht mehr ich, der ist mir fremd, mit dem habe ich nichts zu schaffen. Wie ein Feind wird er erlebt, der Schmerz, wie fremd, wie nicht zu mir gehörig. Aber bedrohlich, überwältigend, alle Kraftreserven aufzehrend.

Die Erfahrung vom Leib als Feind, nicht als Vertrautem und Gefährten, stellt neben den Phänomenen der Schmerzen noch eine eigene Gefährdung für den Kranken und Sterbenden dar. Es geschieht Identitätsverlust, Entfremdung, Fremdwerden des Selbstbildes, Störung des Selbstbewußtseins, Verlust der eigenen Mitte. Das Selbst des Menschen ist gespalten in einen fremd gewordenen Leib und ein auf die Vorgänge des Schmerzes eingeschränkten Bewußtsein.

Schmerzen

Menschen, die furchtbare Schmerzen über lange Zeit erlebt haben, schildern, daß ihre Kräfte ausschließlich zum Ertragen der Schmerzen aufgezehrt worden seien. Manche sagen, sie seien zu erschöpft zum Denken gewesen. In Situationen solch extremen Schmerzes wird das Selbstbewußtsein des Sterbenden also in bedrohlicher Weise auf ein Ertragen- und Durchhalten-Können reduziert. Was bedeutet das für den Kranken oder Sterbenden? Es sieht so aus, als ob in dieser Situation zweierlei, auf jeden Fall Gegensätzliches, vor sich ginge. Zum einen wird der Impuls des Menschen, tapfer zu sein, sich nicht gehen zu lassen, keine Kinderrolle, auf Bemuttert- und Bemitleidet-Werden angelegt, einzunehmen, d.h. reif und erwachsen und ich-stark zu sein, befriedigt. Bei näherem Zuschauen sieht es jedoch so aus, als ob dieser Impuls einer Über-Ich-Forderung entspränge. Das strenge Gewissen und das Idealbild, das der Kranke von sich selbst hat, verlangt Überlegenheit gegenüber den für geringer eingeschätzten Es-Impulsen. Diese Impulse lassen sich aber nicht vertreiben, höchstens verleugnen. Dann ist aber nicht die Fülle menschlichen Erlebens gewährleistet. Die psychische Existenz ist dann auf Kampf, Ertragen und Stolz reduziert. Stolz kann eine gute und lebensermöglichende Haltung sein. Aber als einzige Existenzversicherung muß sie notwendig auf die Dauer versagen.

Zum andern wird die Erfahrung des Leidenden so sehr auf die innerleiblichen Vorgänge des Schmerzes konzentriert, daß er nicht mehr in der Lage ist, Leben in Fülle zu leben. Die Schmerzen überwältigen ihn derart, daß alle anderen Lebensregungen daneben verstummen. Der Kontakt zu sich selbst wird eingeschränkt auf die Schmerzbewältigung: lebensnotwendige Zuwendung zu anderen, Interesse nehmen an äußeren oder inneren Erfahrungen, schöpferische Gedanken, lebendige Gefühle müssen notwendig verkümmern – für sie bleibt weder Kraft noch Raum übrig. Das Leben des Leidenden wird also extrem eingeengt. Die Ausschließlichkeit der Schmerzbewältigung schränkt gerade jene Verfaßtheit des Menschen ein, die ihn in die Lage versetzt, seinem eigenen Tod bewußt entgegenzugehen und, solange der Sterbevorgang ihm das Bewußtsein erhält, diese Stunden, Tage, Wochen oder Monate voll zu gestalten.

Es sieht so aus, als könnte die Neigung zur Verklärung von Leid und Schmerzen zu einem verhängnisvollen Hindernis in der Bewältigung des Sterbens werden. Der Schmerz wird allzu leicht von denen, die ihn nicht ertragen müssen, als nicht in Frage zu stellendes Faktum oder gar Positivum gesehen. Die Antwort eines Arztes auf die Klage des leidenden und bald sterbenden Patienten ist wohl klassisch für diese Auffassung: „Was wollen Sie denn? Die gleichen Schmerzen hat meine Mutter auch im vorigen Jahr erdulden müssen.“ Daß in der Überbewertung des Schmerzertragens sehr viel unbewußter Sadismus (vom Arzt, vom Pfleger oder vom Über-Ich des Patienten) enthalten ist, erübrigt sich wohl zu erwähnen.

Zum menschlichen Sterben, zur Erhaltung würdevollen Lebens bis zur letzten Stunde gehört also unbedingt eine sorgfältige Schmerzbekämpfung und -linderung hinzu. Nicht nur um das Leiden nicht überhandnehmen zu lassen, sondern noch mehr, um die gesunden menschlichen Potenzen des Sterbenden bis zuletzt zu erhalten.

Bewußtseinsreduzierung

Das bedeutet aber: es hieße Satan mit Beelzebub austreiben, wollten wir die Schmerzlinderung durch bewußtseinsreduzierende Mittel erreichen. Denn damit wären wir ja in der gleichen seelischen Situation der Einengung der Erfahrungsmöglichkeiten, des Ausdrucks, der Denk- und Gefühlsfähigkeit. Der Kontakt des Sterbenden zu sich selbst und zur Außenwelt wird unerträglich beschnitten. Weder in schrecklichem Schmerz noch in der bewußtseinstrübenden Betäubung kann der Sterbende sich selbst lebendig entfalten, kann er sich der Situation und der Konsequenzen, kann er sich seines Lebens, seiner Erfahrung, seiner Gefühle, seiner Entbehrung vergewissern.

Bewußtseinstrübende Mittel nehmen dann unter Umständen noch dem Sterbenden das letzte, das ihm vielleicht noch geblieben ist: den Stolz, die innere grausame Anforderung des Über-Ichs zu erfüllen. Die Klage eines Geistlichen, die immer wieder in der einschlägigen Literatur zitiert wird, drückt gerade diese Einengung und Einschränkung aus: „Sie betrügen mich um meinen Tod."

Wenn es gelingt, die Schmerzen zu lindern, ohne das Bewußtsein allzu sehr einzuschränken, kann das Sterben zu der letzten großen Erfahrung werden, die uns Menschen zuteil wird. Es ist bekannt, daß Sterbende, die keine Angst vor unerträglichen Schmerzen haben müssen, weil sie die schmerzstillenden Mittel selbst dosieren können, viel weniger Schmerzmittel brauchen als jene, denen diese Freiheit nicht zugestanden wird – und das wird wohl der Großteil der Sterbenden in der westlichen Welt sein.

Würde die Verabreichung schmerzstillender Mittel anders gehandhabt, hätte der Sterbende nicht nur weniger Angst und litte weniger, sondern fühlte sich auch weniger entmündigt. Er könnte mehr über sich selbst bestimmen, ein weniger abhängiges, sondern erwachseneres und freieres und würdevolleres Leben führen. Das Betteln-Müssen um mehr Medikamente und Spritzen fiele endlich weg.

Je mehr es dem Sterbenden gelingt, seine Identität zu erhalten, um so weniger wird er von Angst geschüttelt, sich im Sterben ganz zu verlieren, d.h. einer unabsehbaren Vernichtung ausgesetzt und ausgeliefert zu sein. Auch aus diesem Grund ist es wichtig, den Identitätsverlust nicht noch durch unnötige Verabreichung von Betäubungsmitteln Vorschub zu leisten. Deswegen ist auch die seelische Belastung der Herzinfarktpatienten in dieser Beziehung besonders groß. Die mangelhafte Gehirndurchblutung läßt sie in manchen Fällen nicht mehr über die gewohnte Intelligenz verfügen; das Ausmaß der denkerischen Kreativität ist erheblich eingeschränkt und trägt zu dem Identitätsverlust bei.

Neben dem Schmerz ist für den Sterbenden noch eine andere Erfahrung typisch: die Angst. Die Angst des Sterbenden ist ein komplexes Phänomen, sie kommt aus vielen Quellgründen des menschlichen Unbewußten. Um nur einige der Ängste zu nennen, die im Sterben kumulieren: Vernichtungsangst, Trennungsangst, Verlustangst. Wie äußern sich diese Ängste in der Selbsterfahrung des Sterbenden?

Abschied

Zum Selbstbewußtsein des Menschen gehören ja nicht nur seine Ich-Funktionen und sein körperliches Vermögen, sondern auch vieles, was ihm von außen zuteil wird: Erfolg, seine Leistung, sein Beruf, seine Alltagssituation, sein Stand als Vater, Mutter, Sohn oder Tochter. Auch seine Herkunft, sein Titel, sein geistiger und seelischer Besitz sind von Bedeutung. Selbst sein Hab und Gut machen einen Teil seiner Identität aus, nicht zuletzt die Freunde und Bekannten und Kollegen, die vertraute Umgebung bis hin zu geliebten Tieren, Andenken, Sammlungsstükken, eine Birke im Garten, ein Blick aus dem Fenster, was es auch sein mag. Von all dem muß der Sterbende Abschied nehmen. Vieles, was bislang seine Identität mitgeprägt hat, geht verloren. Das, was scheinbar unabdingbar zu seinem Selbstbewußtsein gehört, ist zum großen Teil beziehungslos geworden.

Es ist verständlich, daß ein langer Krankenhausaufenthalt diese Identitätskrise verschärft. Der Mensch ist nur mehr der „Leberkrebs“ von Zimmer 135 oder der „Herzinfarkt“ von Zimmer 17. Er wird von den anderen nicht mehr gesehen als erfolgreicher Handwerksmeister oder die fürsorgliche Kindergärtnerin, sondern als Träger einer Krankheit und Objekt von pflegerischer Zuwendung. Der Kranke hat aber wie jeder Mensch das Bedürfnis, um seiner selbst willen geliebt und nicht um seiner Krankheit willen beachtet zu werden.

In der Londoner Sterbeklinik St. Christopher wird nicht nur aus Erbarmen mit den Sterbenden ihnen größtmögliche Freiheit in der Gestaltung ihrer letzten Tage gewährt, sondern auch aus der Erkenntnis heraus, daß der Identitätsverlust weniger bedrohlich ist, wenn der Kranke – soweit wie eben möglich – seinem früheren Leben, seinen Beziehungen und seinen Vorlieben nachgehen kann. Es ist bekannt, daß in dieser Klinik auch die geliebten Tiere der Patienten zu Besuch kommen dürfen.

Die Intimsphäre

Noch andere Umstände verstärken die Gefahr des Identitätsverlustes. Da ist der Einbruch in die Intimsphäre. Die ein Leben lang geübte und als 2–3jähriges Kind mühsam gelernte Rücksichtnahme in der Verrichtung körperlicher Bedürfnisse wird dem Kranken – oft unnötigerweise – verwehrt. Dadurch wird nicht nur das Selbstbild des Sterbenden untergraben, sondern auch der Verlust des inneren Körperbildes verstärkt. Anstatt daß die verbliebenen Kräfte des Sterbenden zu schöpferischen Gedanken und eigenen Überlegungen und Beobachtungen und damit zu der so sehr notwendigen Selbstbestätigung genützt würden, werden die Gedanken zwanghaft auf andere Vorgänge gelenkt. Es ist nicht von ungefähr, daß ein Großteil der Gedanken des Sterbenden sich um Defäkation und Urinieren dreht. Vielleicht ist aber nicht nur die Ungunst der Verhältnisse, etwa die Krankenhausroutine oder körperliche Schwäche, daran schuld, sondern auch kindliche Reaktionen, etwas zurückhalten zu müssen. Vielleicht ist das Zurückhalten-Müssen bei all dem äußeren und inneren Verlust ein sehr verständlicher Versuch, sich Identität zu bewahren. Da es sich hier aber nicht um eine reife Identität, sondern um Regression handelt, gefährdet dieses Verhalten in Wirklichkeit die Identität des Sterbenden, anstatt sie zu festigen.

Durch die Überakzentuierung der Entleerungsvorgänge wird der Kranke und Sterbende in eine ungewollte Regression gezwungen, die auch von den Pflegern und Ärzten nicht beabsichtigt, aber anscheinend noch unvermeidbar ist. Jeder Erleichterung dieser Situation – etwa durch Verabreichung erbetener Abführmittel, durch Haltegriffe auf den Toiletten, durch Handleisten für schwache Patienten auf den Fluren, die zu den Toiletten führen, durch Zur-Verfügung-Stellen von Toilettenstühlen – hilft ein Stückweit, die überhandnehmende Regression zu stoppen, den Patienten nicht in eine frühkindliche, beschämende Situation zu bringen, sondern ihm das Selbstbewußtsein auch in der analen Bedürftigkeit zu erhalten. Wie anders denn soll ein Sterbender seine Identität und seine Persönlichkeit bewahren, wenn er sich hoffnungslos seinen analen Zwängen ausgeliefert fühlt? Schamgefühle nehmen überhand, nehmen in der Sterbeperiode einen ungebührlich großen Raum ein, wodurch dem Sterbenden die ungehinderte Entfaltung eigener Gedanken und Gefühle nicht verstellt werden sollten.

Was für eine Unkenntnis menschlicher Gefühle und der Entwicklung von Scham- und Schuldbewußtsein muß in Ärzten vorherrschen, die ärztliche Verrichtungen vornehmen, während der Kranke zu defäkieren versucht. Der Arzt löst damit eine unheilvolle Gefühlsverwirrung in dem Patienten aus. Er fühlt sich zum unzurechnungsfähigen Kind gemacht, das seine analen Bedürfnisse noch nicht zu steuern versteht. Der betreffende Mensch fühlt sich zum Objekt gemacht, nicht mehr als Persönlichkeit respektiert, entwürdigt und in seiner gewohnten Identität tief verstört. Diese iatrogene Schädigung ist überaus verhängnisvoll für die Gestaltung eines persönlichen Sterbens, aber durchaus vermeidbar.

Die Beständigkeit der Liebe

In dem kleinen Kind entwickelt sich langsam eine verläßliche Beziehung zu seiner Umwelt. Die Erinnerung an die Eltern wird zu einem festen Bestandteil seiner selbst. Es kann das Bild der Eltern in sich wachrufen und lernt, sich selbst damit zu trösten, daß sie bald wieder da sind, daß es nicht mehr lange auf sie warten muß. Die Bilder der Eltern werden allmählich in ihm unverlierbar.

Solche inneren Bilder trägt jeder Mensch in sich. In bedrohlichen Situationen kann er sich auf sie besinnen, sich gewiß sein, daß sie ihm nahe sind, auch wenn ihre Nähe im Augenblick nicht greifbar ist. Er weiß, er kann sich darauf verlassen, daß sie zu ihm stehen, Anteil an ihm nehmen, ihn nicht im Stich lassen.

Kleine Kinder, in denen sich diese inneren Bilder noch nicht gefestigt haben, fühlen sich hoffnungslos verlassen. Deswegen ist es gerade für die Kleinen unerläßlich, daß ein geliebter Mensch in Krankheit und Not ihnen nahe ist.

Auch ein Sterbender bedarf größerer Nähe und Zuwendung als ein Gesunder, um die innere Gewißheit guter Beziehungen nicht zu verlieren. Deswegen ist jede Nähe und jede Gemeinschaft hilfreich.

Sterbende, denen es vergönnt ist, bewußt zu sterben, die Ich-Stärke genug haben, um sich dem Abschied zu stellen, und deren Angehörige sich nicht in Verleugnung zurückziehen, vermögen auf echte Weise Abschied zu nehmen. Es geschieht eine gegenseitige Vergewisserung der Zuneigung und Liebe, der unermeßlichen Trauer und künftiger Entbehrung. Angehörige, die ein solches Abschiednehmen erfahren haben, vermögen nachher zu sagen: „Wir haben viel zusammen geweint – diese Tränen brauchen jetzt nicht mehr geweint zu werden." Wie viele Menschen gibt es, die mit Dankbarkeit an das Sterben eines geliebten Menschen denken, weil es eine Nähe ermöglichte, wie sie in solcher Intensität im Laufe des Lebens nur selten erfahren wird.

Durch die Nähe wird das innere Bild des geliebten Menschen verstärkt und bleibt lebendig über den Tod hinaus.

Getrost-sein im Sterben

Was ist mit der Ich-Stärke gemeint, die dem Sterbenden das Sterben leichter macht, weil keine maßlose Vernichtungsangst darin pulst und weil auch die Trennung, wenn zwar nicht Abschied und Trauer, so doch ihre Angstqualität weitgehend verliert? Damit ist vor allem die seelische Reife eines Menschen gemeint, der sich seiner unausrottbaren kindlichen Bedürfnisse nach Symbiose, nach Verwöhnt- und Gefüttert-Werden, nach narzißtischem Im-Mittelpunkt-Stehen, nach Omnipotenz- und Grandiositätsgelüsten bewußt, aber ihnen nicht mehr unkontrolliert und ungehemmt ausgesetzt ist, sondern reife Kräfte in der Einsicht des Verstehens und Liebens dagegensetzt. Aus dieser kurzen Umreißung des Begriffes wird deutlich, daß ein Mensch mit echter Ich-Stärke weniger Angst im Sterben erleidet als einer, dessen Entwicklung in der zum Teil unbewußten Tiefe nicht so weit gekommen ist. Es ist aber auch denkbar, daß ein sehr narzißtisch gebliebener Mensch ohne Ich-Stärke in der Lage ist, eine derartige Verleugnung des Sterben-Müssens als Abwehrmechanismus aufzubauen, so daß er bis zum Schluß die Verleugnung und Abspaltung durchhält und sozusagen in dieser Selbsttäuschung einen verhältnismäßig angstfreien Tod stirbt. Eine genaue Unterscheidung echter Ich-Stärke und eines angenommenen falschen Selbst ist wohl in vielen Fällen nicht gegeben, da die Möglichkeit der genauen Befragung nicht besteht.

Mehr scheint aus dem Verhalten des Sterbenden vor seiner Erkrankung sichtbar zu werden, ob er sich z.B. der Ambivalenz seiner Gefühle und auch den negativen Anteilen seiner Person und seines Lebens stellen konnte. Mancher imponierende Stoizismus wird sich dann als gelungener Abwehrmechanismus der Verleugnung herausstellen. Jegliches Fehlen von Angst ist auf jeden Fall auffällig und sollte von den Angehörigen und von den Sterbebegleitern aufmerksam beobachtet werden.

Ich-Stärke und Reife sagt nichts über den Wert eines Menschen aus. Für die Begleitung des Sterbenden bedeuten diese Merkmale nur ein mehr oder minder nötiges Maß an Unterstützung. Je geringer die Ich-Stärke ist, um so mehr bedarf der Sterbende eines verläßlichen Hilfs-Ichs, d.h. eines Menschen, der – nicht nur in Worten, sondern in seinem Sein und seinem Verhalten – Stärke und Geborgenheit vermittelt, so wie die Mutter über lange Zeit weg Ich-Funktionen des kleinen Kindes übernehmen, d.h., in psychoanalytischer Sprache, als sein Hilfs-Ich fungieren muß.

In den Angstempfindungen des Sterbenden sind außer Vernichtungs- und Trennungsängsten auch Verlustängste zu erkennen. Diese Angst ist realistisch und beruht keineswegs auf frühen Fehlentwicklungen. Dem Sterbenden geht ja wirklich alles verloren, was ihm zu eigen war. Er verliert Haus und Hof, Mann und Weib, Kind und Kegel, jeglichen Besitz, der für ihn zeit seines Lebens eine große Bedeutung gehabt haben mag. Auch seine Würde, seine Unantastbarkeit und seine Selbstbestimmung ist gefährdet. Jede Pflege, die diese Ängste respektiert, wird dem Sterbenden helfen, daß sein Ich nicht unter dem Ansturm der Ängste zusammenbricht, sondern erhalten bleibt, um den letzten großen Schritt zu tun, an diesem Ich nicht mehr festzuhalten, sondern sich endlich dem Tode zu überlassen.

Jegliche Pflege, gleichgültig, wo sie geschieht, ob im Krankenhaus, im Altenheim, im Sterbehospiz oder in der Familie, muß darauf angelegt sein, die intakten Ich-Kräfte des Sterbenden zu erhalten, zu vermeiden, daß er unnötig Eingriffen in seine Intimsphäre, nicht Ernst-genommen-Werden, Lieblosigkeiten oder gar Kränkungen ausgesetzt wird. Die permanente Anrede „Opa" ist nicht dazu angetan, die Ich-Kräfte, das Selbstbewußtsein des Sterbenden bestmöglich zu erhalten. Mit dieser Anrede kommt sich der alte Mensch nicht mehr für voll genommen, lästig und unnütz vor.

Was in diesen Überlegungen über die psychische Situation des Sterbenden gesagt wird, gilt genau so auch für schwerkranke Menschen. Jeder geht mit seiner Erkrankung und mit seiner ‚Krankheit zum Tode' anders um. Jeder geht damit auf seine Weise um, gemäß seiner inneren Problematik, seiner Reife, seinen Erwartungen, seinen mehr oder minder virulenten Omnipotenzphantasien und seinen stabilen oder instabilen inneren Bildern und seiner Fähigkeit zum Sich-Binden in Liebe. Seine Fähigkeit, sich einem Triebimpuls unkontrolliert zu überlassen oder ihn zu sublimieren, ist ebenso von Bedeutung wie die Entfaltung seines Gewissens, ob er z. B. unter unerträglichen Schuldgefühlen leidet oder an der Unfähigkeit, menschliche Schuld in sich selbst zu sehen und darüber trauern zu können. Wir haben nicht das Recht, einen Kranken oder Sterbenden deswegen zu verurteilen, wir haben höchstens die Möglichkeit, ihm bis zuletzt korrigierende Erfahrung zu ermöglichen. Das aber geschieht nur durch Offenheit, Ehrlichkeit, Anteilnahme und Zuwendung.

München 1989 *Marielene Leist*